> 더 나은 삶을 추구하는 우리 모두에게 필요한 가르침!

## 기본부터 실전까지 일러스트로 이해하는
# 피터 드러커의 경영 수업

후지야 신지 감수 | 서희경 옮김

시작하며

## 더 나은 삶을 추구하는
## 우리 모두에게 필요한 가르침

현대 경영학의 아버지가 누구인지 알고 있으신가요?
바로 피터 F. 드러커를 지칭하는 말입니다. 그의 저서를 읽지 않았어도 이름은 들어 본 분들이 많으실 것입니다.

드러커는 우리에게 업무에서 성과를 내는 방법, 조직 내의 인간관계, 시간 사용법, 사회 변화를 인식하는 방법 등 다양한 방면에서 필요한 노하우를 가르쳐 줍니다. 시대를 넘어 드러커의 가르침은 많은 사람에게 영향을 주고 있습니다. 지금의 기업과 사회적 사고방식은 드러커의 가르침에 기초하고 있다고 해도 과언은 아닙니다.

드러커는 비즈니스와 경영에 관해 다양한 지식을 가르쳤지만, 자신은 경영학자가 아닌 사회생태학자라고 칭합니다. 그는 객관적으로 사회를 관찰하는 연구자이자, 사회에서 배운 것들을 비즈니스 종사자들에게 가르치는 코치이며, 때로는 사회 변화를 민감하게 감지하고 미래를 예견한 예언자이기도 합니다.

드러커는 왜 사회를 계속 관찰했을까요? 그의 최대 관심사가 '어떤 사회와 어떤 조직이 사람들을 행복하게 할 수 있을까?'였기 때문입니다. 드러커의 가르침은 비즈니스 종사자는 물론이고 사회에 속한 우리 모두에게 유용합니다.

이 책은 어려운 내용을 이해하기 쉽게 전달하기 위해 일러스트로 설명하고 있으며 드러커가 어떤 인물이었는지를 알 수 있는 이야기들도 담았습니다. 이 책을 통해 드러커의 사상과 인간적 매력을 고스란히 전하기 위해 노력했습니다.

저는 1998년부터 드러커를 연구하고 있으며, 그의 사상을 컨설팅의 기본 이론에 적용하여 많은 기업의 V자 성과 회복과 성장을 지원해 왔습니다. 이 책이 여러분의 개인적인 삶과, 업무 성과에 도움이 된다면, 드러커의 가르침을 전하는 저로서는 더할 나위 없는 희망이자 기쁨이 될 것입니다.

후지야 신지

**프롤로그 ①**

# '지식의 거인' 드러커는 어떤 인물일까?

'20세기 지식의 거인', '경영의 아버지' 등으로 평가되는 드러커는 어떤 인생을 걸어온 인물이었을까요?

### 피터 퍼디낸드 드러커
### Peter Ferdinand Drucker

1909년 11월 19일 오스트리아 빈 태생. 신문 기자로 활동하면서, 프랑크푸르트 대학교에서 국제법 및 국제관계론 박사 학위 취득. 1937년에 미국으로 건너가, 뉴욕대학교, 클레어몬트대학교 교수 역임. 정치, 행정, 경제, 경영, 역사, 철학, 심리, 문학, 미술, 교육, 자기계발 등 다양한 분야에서 전문가로 명성을 쌓았다. 그의 방대한 저서들은 '드러커 산맥'이라고 불릴 정도이며, 특히 경영에 관한 그의 사상은 시대를 넘어 큰 영향을 주고 있다.

**우수한 관찰력의 소유자**

다양한 분야를 넘나들며 연구한 드러커는 자신을 사회생태학자라고 칭했다.
그는 사회 본연의 자세와 변화를 관찰하고 나아가야 할 방향을 제시하여 학문적으로나 대중적으로 많은 존경을 받고 있다.

## 세계를 돌아다니다

유럽의 중등교육 기관인 김나지움 졸업 후, 독일 무역회사에서 근무했다. 함부르크대학교와 프랑크푸르트대학교를 다니며 신문사에서 일했지만, 그의 논문이 나치의 반감을 샀고, 1933년 영국으로 이주했다. 이후 미국으로 건너가 95세까지 활동했다.

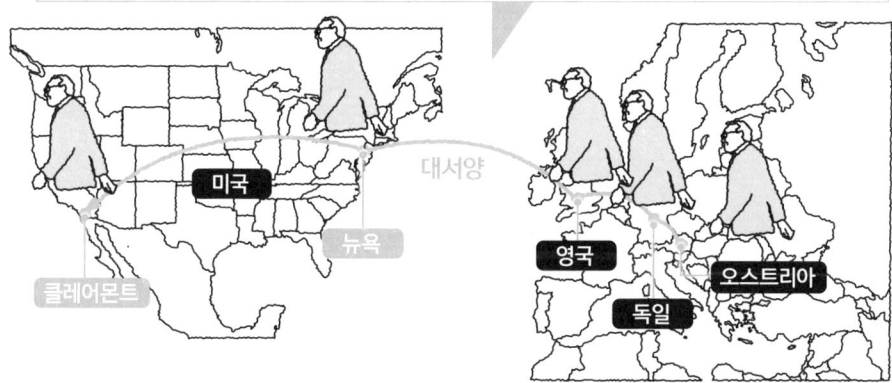

## 경영의 아버지

조직 경영을 연구한 저서로 전 세계에 영향을 주었다. 특히 1954년에 출간한 《경영의 실제The Practice of Management》는 기업 경영의 원리와 원칙에 관한 견해를 제시한 대표작으로 꼽힌다.
이러한 공적으로 드러커는 '경영의 아버지'로 불린다.

우리 회사를 연구해 주십시오.

## 제너럴 모터스 경영 컨설팅

1942년에 출간된 드러커의 저서 《산업인의 미래The Future of Industrial Man》에 큰 감명을 받은 제너럴 모터스(GM)의 CEO 알프레드 슬론Alfred P. Sloan이 GM의 경영 컨설팅을 요청한다. GM의 경영 방침과 조직 구조에 관한 분석서 《기업의 개념Concept of the Corporation》은 수많은 기업과 경영학 전공자들에게 영향을 주었고, 베스트셀러가 되었다.

프롤로그 ②

# 드러커의 사고방식은 무엇인가?

항상 '인간은 무엇을 해야 하는가'를 늘 고민했던 드러커는 '인간에게는 사회에 공헌할 책임이 있고, 그것이야말로 인간을 진정 행복하게 만드는 것'이라고 생각했습니다.

사회와 인간은 어떠해야 하는가?

드러커에게 최대의 관심 대상은 사회적 존재로서의 인간이었다. 그는 인간의 자유와 평등을 위해 사회, 조직, 기업은 무엇이 되어야 하는지, 그리고 인간은 무엇을 해야 하는지에 관해 계속 생각했다.

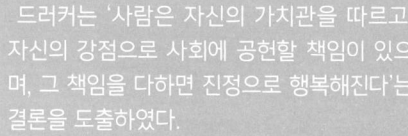

드러커는 '사람은 자신의 가치관을 따르고, 자신의 강점으로 사회에 공헌할 책임이 있으며, 그 책임을 다하면 진정으로 행복해진다'는 결론을 도출하였다.

이러한 드러커의 생각은 '목표 관리(목표와 자기 통제에 의한 경영)'라고 불린다.
그는 사람의 능력은 저마다 다르지만, 목표를 세우고 체계적으로 학습하면 사회에 더 많은 공헌을 하는 사람이 될 수 있다고 생각했다.

프롤로그 ③

# 드러커에게서 무엇을
# 배울 수 있을까?

드러커의 가르침으로 배울 수 있는 것은 한마디로 말해 '성과를 내는 능력'입니다.

**인식력**
기업과 사회 상황을 정확하게 파악하는 능력을 배울 수 있다. 상황을 인식하면 사업 기회도 발견할 수 있다.

**구상력**

사업을 생각해 내는 능력을 배울 수 있다. 사업 기회를 실제 사업 계획으로 전환하는 능력이 생긴다.

**구축력**

사업을 위한 시스템을 만드는 능력을 배울 수 있다. 사업을 실행할 조직을 만들고 해당 조직에서 일하는 사람들의 장점을 끌어낼 수 있는 메커니즘을 만들 수 있다.

**운영력**

급변하는 세계 정세와 비즈니스 현장에 대응하여 최상의 결과를 만들어 내는 능력을 배울 수 있다.

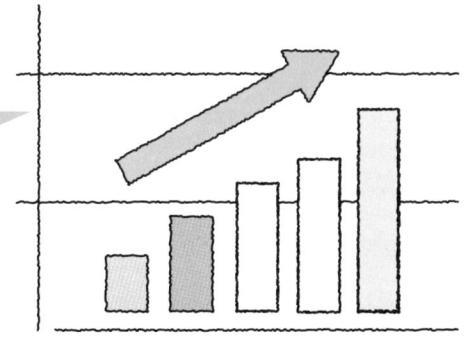

> 더 나은 삶을 추구하는
> 우리 모두에게 필요한 가르침!

기본부터 실전까지 일러스트로 이해하는

# 피터 드러커의 경영 수업

## Contents

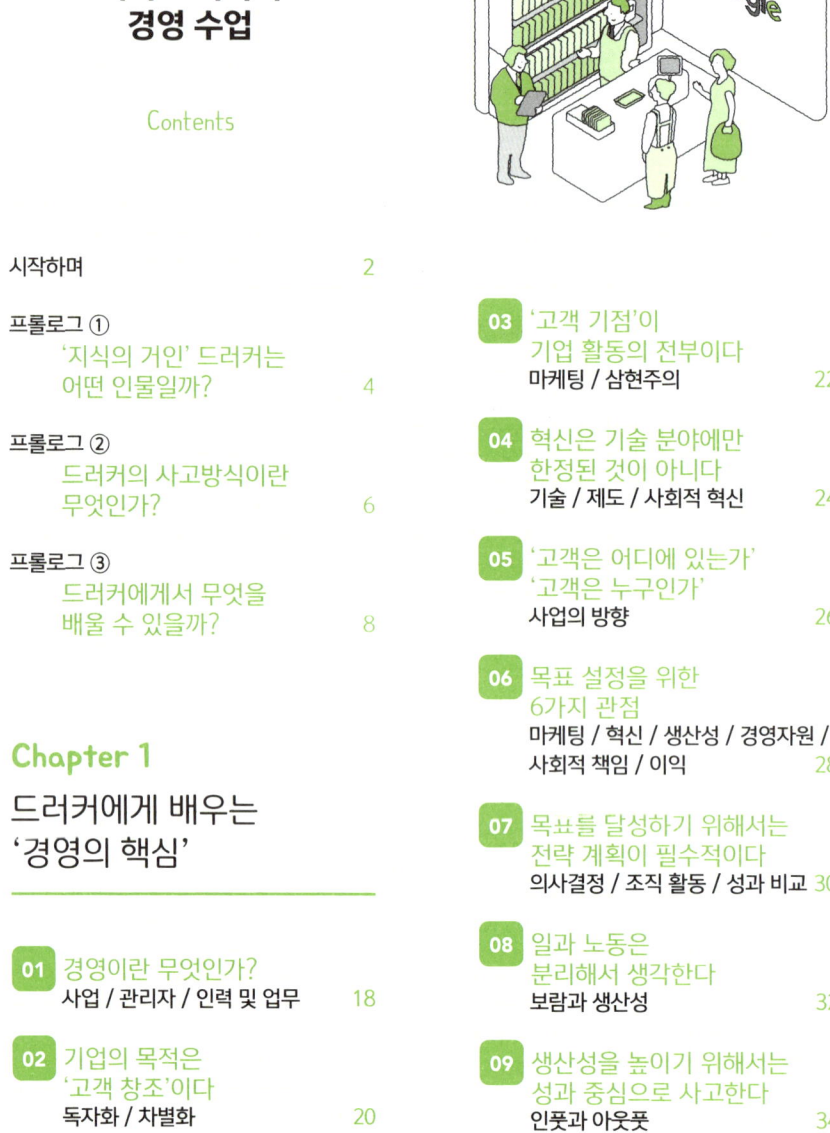

시작하며   2

프롤로그 ①
'지식의 거인' 드러커는
어떤 인물일까?   4

프롤로그 ②
드러커의 사고방식이란
무엇인가?   6

프롤로그 ③
드러커에게서 무엇을
배울 수 있을까?   8

## Chapter 1
## 드러커에게 배우는 '경영의 핵심'

**01** 경영이란 무엇인가?
사업 / 관리자 / 인력 및 업무   18

**02** 기업의 목적은 '고객 창조'이다
독자화 / 차별화   20

**03** '고객 기점'이 기업 활동의 전부이다
마케팅 / 삼현주의   22

**04** 혁신은 기술 분야에만 한정된 것이 아니다
기술 / 제도 / 사회적 혁신   24

**05** '고객은 어디에 있는가' '고객은 누구인가'
사업의 방향   26

**06** 목표 설정을 위한 6가지 관점
마케팅 / 혁신 / 생산성 / 경영자원 / 사회적 책임 / 이익   28

**07** 목표를 달성하기 위해서는 전략 계획이 필수적이다
의사결정 / 조직 활동 / 성과 비교   30

**08** 일과 노동은 분리해서 생각한다
보람과 생산성   32

**09** 생산성을 높이기 위해서는 성과 중심으로 사고한다
인풋과 아웃풋   34

| 10 | 의사결정에서는 '정답'이 아니라 '문제에 대한 정확한 이해'가 중요
유효한 결정 | 36 |

| 11 | 목표 달성을 위해 양질의 조직 문화를 조성한다
성과에 대한 장기적 관점 | 38 |

Column 1
알려지지 않은 드러커의 인물상 ①
　명문가 출신의
　사회생태학자　　　　　　　　40

Chapter 01
　　KEYWORDS　　　　　　　41

# Chapter 2
# 드러커에게 배우는
# '최강의 조직론'

| 01 | 조직이란 목표 달성을 위한 구조이다
조직 설계 | 44 |

| 02 | 조직을 설계하는 목적을 명확히 한다
핵심 활동 분석 | 46 |

| 03 | 조직 개선을 위한 2가지 분석
의사결정 분석 / 관계(공헌) 분석 | 48 |

| 04 | 조직이 갖춰야 할 7가지 조건
좋은 조직의 조건 | 50 |

| 05 | 조직 형태의 장단점을 파악한다
사업부 체제 / 기능별 조직 | 52 |

| 06 | 조직을 잘못된 방향으로 이끄는 4가지 요인
주요 요인 / 목표 관리 | 54 |

| 07 | 조직은 서로 공헌하는 관계가 되어야 한다
공헌 관계 | 56 |

| 08 | 신사업에는 조직을 화합시키는 리더가 반드시 필요하다
제너럴리스트 | 58 |

| 09 | 스페셜리스트에게는 성과만 요구한다
성과와 책임 | 60 |

| 10 | 만장일치로 의사결정하지 않는다
다각도로 의견 검증 | 62 |

| 11 | 부하 직원 입장에서 상사를 경영해야 한다
상사의 성과 지원 | 64 |

| 12 | 가족 기업이 번영을 위해 우선시 해야 할 일
친족 경영진 | 66 |

Column 2
알려지지 않은 드러커의 인물상 ②
　사회의 본질을 관찰한
　미래학자　　　　　　　　　　68

Chapter 02
　　KEYWORDS　　　　　　　69

# Chapter 3
## 드러커에게 배우는 '리더의 조건'

**01** 진정한 리더십이란 무엇인가?
해야 할 일을 하는 사람    72

**02** 리더는 구조를 만드는 존재이다
모티베이션    74

**03** 진정성은 리더의 필수 덕목이다
진정성    76

**04** 리더는 미래를 예측해야 한다
4가지 리스크    78

**05** 리더는 변화를 기회로 삼는다
체인지 리더    80

**06** 현장에 권한을 위임하는 것도 리더의 역할이다
현장 관리자    82

**07** 리더는 위기에 대비해야 한다
도피 / 대기 / 준비    84

**08** 정보를 공유하는 것도 리더의 의무이다
정보 공유    86

**09** 항상 직원의 의견에 귀를 기울인다
커뮤니케이션    88

**10** 업무의 규모를 생각하고 적절히 설계한다
적절한 업무    90

**11** 사람에 대한 호불호가 아닌 업적을 기준으로 평가한다
성과 중심    92

**12** 직원을 문제, 비용, 적으로 여기지 않는다
인적자원    94

**Column 3**
알려지지 않은 드러커의 인물상 ③
혼란의 시대에 사회와 돈의 관계를 깨닫다    96

**Chapter 03**
KEYWORDS    97

# Chapter 4
## 드러커에게 배우는 '시간 경영'

- **01** 시간의 성질을 알아야 한다
  희소한 자원 … 100
- **02** 시간 관리의 3가지 프로세스
  시간 사용법 … 102
- **03** 시간 낭비의 원인을 찾아서 해결한다
  통합된 시간 확보 … 104
- **04** 성과를 내는 사람은 시간과 일을 통합한다
  집중 … 106
- **05** 목적을 분명히 하여 가치 있는 회의로 만든다
  공헌 요구 … 108
- **06** 성과가 나지 않을 일은 포기한다
  열후순위 … 110
- **07** 과거가 아닌 미래를 선택한다
  우선순위 … 112
- **08** 자신의 강점을 위해 시간을 투자한다
  자신만의 자원 … 114

**Column 4**
알려지지 않은 드러커의 인물상 ④
  수많은 유명 인사에게 영향을 주다 … 116

**Chapter 04**
  KEYWORDS … 117

# Chapter 5
## 드러커에게 배우는 '자기 경영'

- **01** 성과를 내는 사람들의 5가지 습관
  이그제큐티브 … 120
- **02** 업무의 진정한 가치는 회사 밖에 있다
  사회에 대한 공헌 … 122
- **03** 자기 자신을 경영한다
  지식근로자 … 124

## Chapter 6
## 드러커에게 배우는 '기업 전략'

**01** 업계 정상을 노리는
총력 전략
최고의 기업가 전략　　　142

**02** 다른 기업의 성공을 연구하여
일부 모방하는 창조적 모방 전략
게릴라 전략　　　144

**04** 피드백 분석으로
자신의 강점을 찾는다
목표와 달성 분석　　　126

**03** 타사의 실패를 활용하는
유도 전략
타사의 실패 개량　　　146

**05** 가르칠 때 가장 많이 배운다
배우는 조직 / 가르치는 조직　　　128

**04** 비경쟁 상황을 만드는
생태학적 틈새 전략
효율과 효과의 차이　　　148

**06** 자신의 가치관에
자부심을 가진다
근로자의 가치관　　　130

**05** 타깃 시장의 노하우를 무기로
삼는 전문 시장 전략
시장 통찰력　　　150

**07** 가치관이 맞는 곳에 속해야
진정한 실력 발휘가 가능하다
적재적소　　　132

**06** 고객의 가치를 기반으로
가치 창조 전략
효용 가치　　　152

**08** 성과를 높이는
의사결정 5단계
실무 차원의 결정　　　134

**07** 가격의 의미를 바꾸는
가격 전략
서비스 혁신　　　154

**09** 나만의 안식처를 만든다
제2의 인생과 직업　　　136

Column 5
알려지지 않은 드러커의 인물상 ⑤
동양화에 매료되어
평생 수집하다　　　138

Chapter 05
KEYWORDS　　　139

| 08 고객의 사정을 고려한 효용 창조 전략
고객 맞춤화　　　　　　156

Column 6
알려지지 않은 드러커의 인물상 ⑥
60년을 함께한
사랑하는 아내 도리스　　158

Chapter 06
　　KEYWORDS　　　　　　159

# Chapter 7
# 드러커에게 배우는
# '혁신을 일으키는 방법'

| 01 예기치 못한 성공을 활용한다
경영 환경 변화의 징조　　　162

| 02 예기치 못한 실패도 활용한다
새로운 가치 창출의 징조　　164

| 03 상식과 확신을 의심한다
수요와 실적의 부조화 /
현실과 인식의 부조화　　　166

| 04 오만과 독단을 멈춘다
기업과 소비자 가치관의 부조화 /
프로세스의 부조화　　　　168

| 05 3가지 니즈를 발견한다
프로세스 / 노동력 / 지식　　170

| 06 혁신을 창출하는
5가지 전제
프로세스 니즈　　　　　　172

| 07 변화의 타이밍을
놓치지 않는다
산업 구조의 변화　　　　　174

| 08 연령 구성의 변화는
혁신의 호기
시장 외부의 변화　　　　　176

| 09 관점이 달라지면
니즈도 변화한다
인식의 변화　　　　　　　178

| 10 새로운 지식 기반으로
혁신을 일으키다
심층 분석 / 전략적 시장 진입 /
경영자의 리더십　　　　　180

| 11 아이디어만으로 혁신이
탄생하는 것은 아니다
영감의 영역　　　　　　　182

Column 7
알려지지 않은 드러커의 인물상 ⑦
가르치는 것을 좋아한
다채로운 문필가　　　　　184

Chapter 07
　　KEYWORDS　　　　　　185

피터 드러커 연표　　　　　　186

마치며　　　　　　　　　　188

주요 참고문헌　　　　　　　190

# Chapter 1

PETER DRUCKER
MANAGEMENT
VISUAL NOTES

# 드러커에게 배우는 '경영의 핵심'

대다수 사람이 경영라고 하면 '관리'의 이미지를 떠올리는 경향이 있습니다. 하지만 드러커가 말하는 경영은 관리의 개념과 전혀 다릅니다. 이번 장에서는 드러커 이론의 근간이라 할 수 있는 '경영 이론'을 소개합니다.

KEY WORD ➡ ✓ 사업 / 관리자 / 인력 및 업무

# 01 경영이란 무엇인가?

기업이나 부서를 운영하려면 '전략→계획→실행→평가'의 순환 과정을 거쳐야 합니다.

경영에는 '①사업, ②관리자, ③인력 및 업무'의 3가지 영역이 있습니다.

①사업 영역은 '누가, 무엇을, 어떻게' 관점에서 사업을 정의하고, 전략을 수립하여 경영 계획에 반영합니다.

②관리자 영역은 경영 계획을 실행하기 위하여 사람과 물자를 책임지고 배분하는 관리자를 경영합니다.

## 경영은 순환이 중요하다

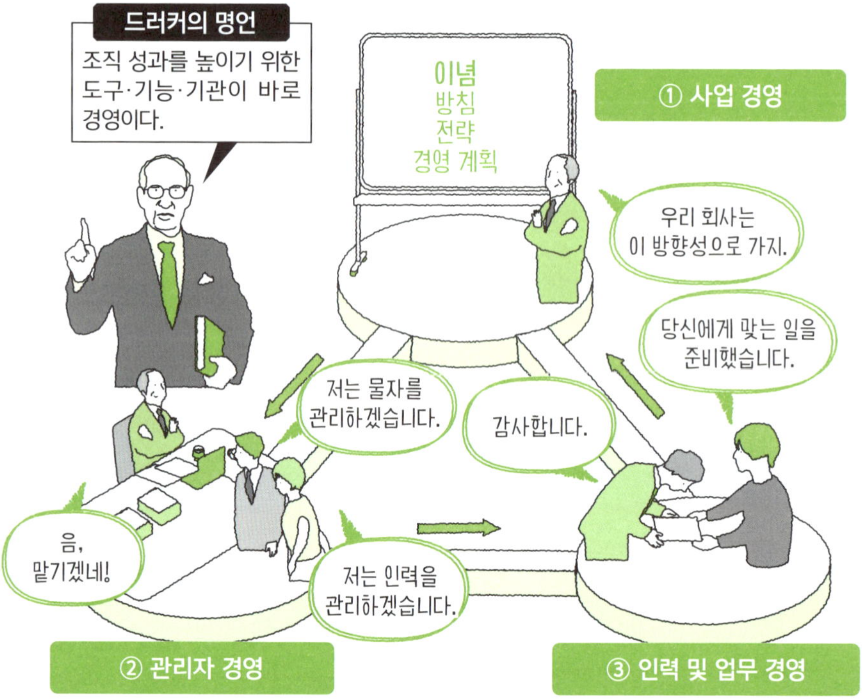

**드러커의 명언**
조직 성과를 높이기 위한 도구·기능·기관이 바로 경영이다.

이념
방침
전략
경영 계획

① 사업 경영

우리 회사는 이 방향성으로 가지.

당신에게 맞는 일을 준비했습니다.

저는 물자를 관리하겠습니다.

감사합니다.

음, 맡기겠네!

저는 인력을 관리하겠습니다.

② 관리자 경영

③ 인력 및 업무 경영

③인력 및 업무 영역은 업무를 설계하고, 적재적소에 인력을 채용·배치·교육·이동함으로써 동기를 부여하고 배려합니다.

드러커는 이 3가지 요소를 적절하게 경영하는 것이 중요하다고 강조합니다. 실적이 저조한 기업의 문제 원인을 찾아보면 이 3가지 요소 중 하나가 부족한 경향이 있습니다.

## 구조를 만들어 실행하다

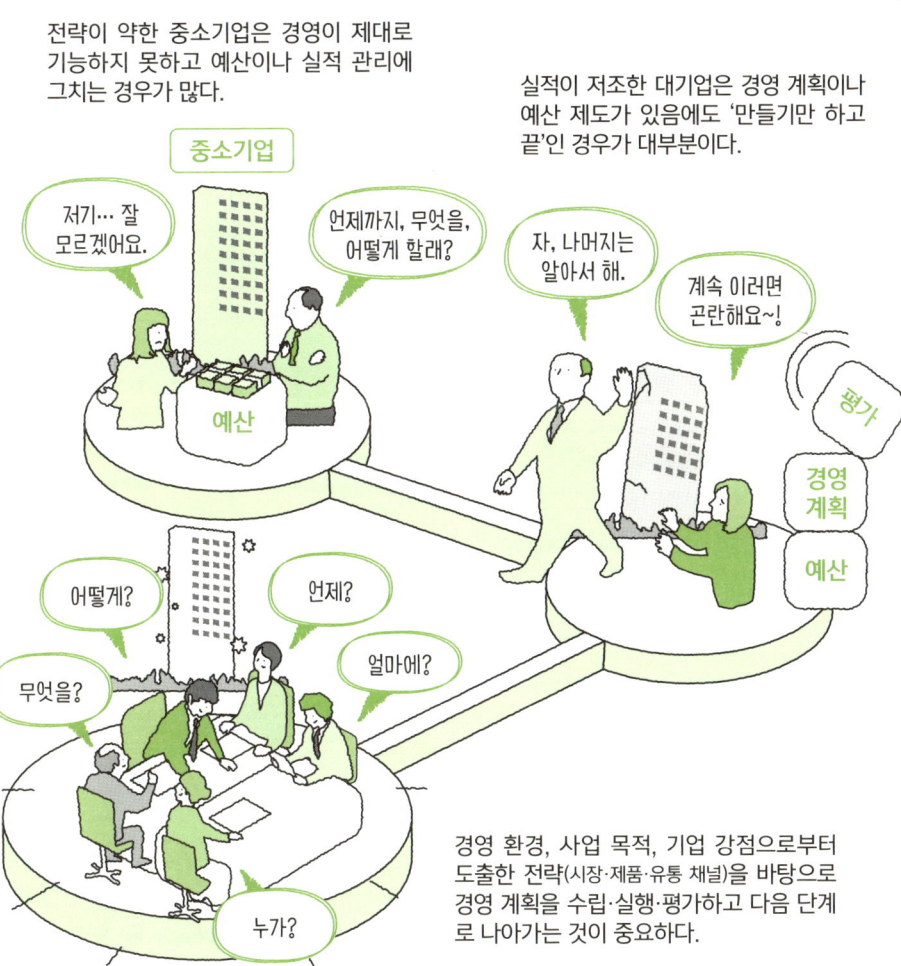

KEY WORD → ✓ 독자화 / 차별화

## 02 기업의 목적은 '고객 창조'이다

기업의 목적은 고객의 니즈에 부응하고 새로운 니즈를 만들어 내는 것입니다. 드러커는 그것이 바로 '고객 창조'라고 설명합니다.

기업의 목적은 도대체 무엇일까요? 고객이 제품과 서비스를 구매하지 않으면, 기업은 존속할 수 없습니다. 따라서 이미 고객이 자각하고 있는 니즈에 부응하거나, 새로운 니즈를 창출해야 합니다. 기업이 원하는 조건으로 제품과 서비스를 구매해 줄 고객을 지속해서 창출하는 것이 기업의 목적이자 생존 조건입니다.

### 니즈에 부응하고, 새로운 니즈를 만들어낸다

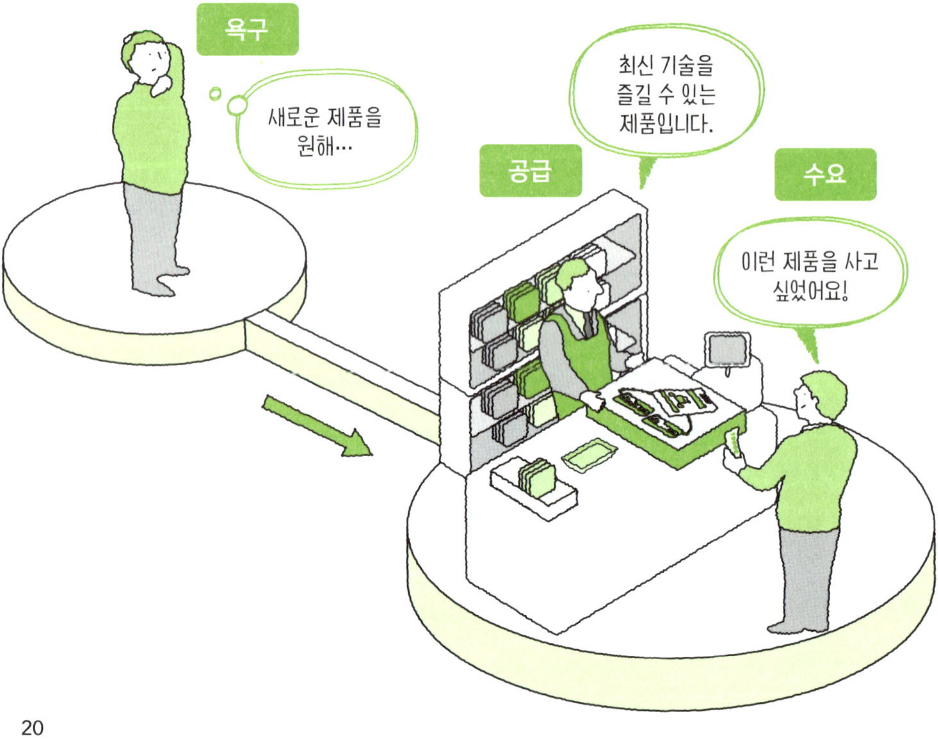

**욕구**: 새로운 제품을 원해…

**공급**: 최신 기술을 즐길 수 있는 제품입니다.

**수요**: 이런 제품을 사고 싶었어요!

시장을 독점할 수 없는 대부분의 기업은 항상 치열한 경쟁에 노출되어 있습니다. 타사와 대등한 조건에서 경쟁하려면 가격 경쟁을 피할 수 없고, 살아남으려면 상황에 맞는 적절한 가격으로 제품을 판매해야 합니다. 따라서 기업이 원하는 가격으로 제품을 구매해 줄 고객을 창조해야 합니다. 그러기 위해서는 가격 외 요소로 다른 제품과의 차별화를 도모하는 것이 중요합니다.

## 독자화·차별화가 고객 창조의 열쇠

A사: 우리는 30만 원에 판매할 거야.

B사: 그러면 우리는 25만 원이다!

동등한 조건에서 경쟁하면 가격 경쟁에 빠지게 됩니다.

C사: 저희 기업만의 독보적인 제품 입니다!

이 제품이라면 50만 원이라도 사고 싶어요!

가격 이외의 요소로 타제품과 차별화를 도모하여 자사가 바라는 가격으로 고객이 제품을 구매하도록 하는 것이 중요하다.

KEY WORD ➡ ✓ 마케팅 / 삼현주의

## 03 '고객 기점'이 기업 활동의 전부이다

생산성 향상을 중요시한 드러커는 '고객 창조에 필요한 것은 마케팅과 혁신'이라고 말합니다.

제품을 선택하고 구매하는 주체는 고객입니다. 따라서 기업은 팔고 싶은 것이 아니라 고객이 원하는 것을 만들어야 합니다. 마케팅은 고객의 니즈를 탐색하고, 고객이 원하는 가격과 유통 채널을 제공하는 '고객 기점 구조'를 만드는 과정입니다. 드러커는 '진정한 마케팅은 고객으로부터 시작된다'고 말합니다.

### 마케팅은 고객을 기점으로 생각한다

고객의 니즈를 이해하려면 '효용', '가격', '사정', '가치'라는 4가지 고객 관점에서 바라보는 것이 중요하다.

- 사람들은 무엇을 필요로 할까? (기업)
- 무엇을 위해 살까? (효용)
- 무엇을 선택 기준으로 할까? (가치관)
- 얼마에 살까? (가격)
- 제약 조건이 있네… (사정)

고객

많은 기업이 고객의 니즈를 파악하기 위해 비용을 들여 리서치 업체에 시장 조사를 의뢰하지만, 그것만으로는 충분하지 않습니다. '현장에 나간다, 현물을 접한다, 현실을 파악한다'의 '삼현주의'를 실천해야 비로소 보이는 것들이 있기 때문입니다. 드러커는 현장에 나가, 자세히 들여다보고, 경청하는 것이 중요하다고 강조합니다.

## 고객을 이해하기 위한 삼현주의

데이터 수집만으로 고객의 잠재적 니즈를 파악하긴 어렵다. 실제로 현장을 방문하여 관찰하는 것이 중요하다.

**드러커의 명언**
이상적인 마케팅은 판매 활동이 필요 없도록 만드는 것입니다.

업무 내용에 따라서는 매장뿐만 아니라 공장, 직원 식당, 대학 구직 게시판 등도 '현장'이 될 수 있다.

KEY WORD ➡ ✓ 기술 / 제도 / 사회적 혁신

# 04 혁신은 기술 분야에만 한정된 것이 아니다

드러커는 '혁신이란 새로운 가치를 창조하는 것'이라고 말합니다.
이 말에 함축된 의미는 무엇일까요?

마케팅과 더불어 고객 창조에 필요한 것은 혁신innovation입니다. 혁신이란 새로운 경제 가치를 창출하고 고객에게 더 큰 만족을 전달하는 것입니다. 보통은 혁신을 기술 분야에 국한하려는 경향이 있으나, 드러커는 기존 제품에 새로운 의미를 부여하는 것도 혁신이라고 생각했습니다.

## 사회를 풍요롭게 하는 모든 것이 혁신이다

생산성이 저조하면 마케팅과 혁신으로도 이익을 내지 못합니다. 기업이 존속하기 위해서는 생산성 향상이 필요합니다. 최소의 자원으로 최적의 성과를 내기 위해서는 사람Man, 돈Money, 물자Material를 효율적으로 사용해야 합니다. 그리고 지식, 시간, 생산 수단처럼 성과로 이어지는 다양한 요소를 통제할 필요가 있습니다.

## 생산성을 향상시키는 것이 중요하다

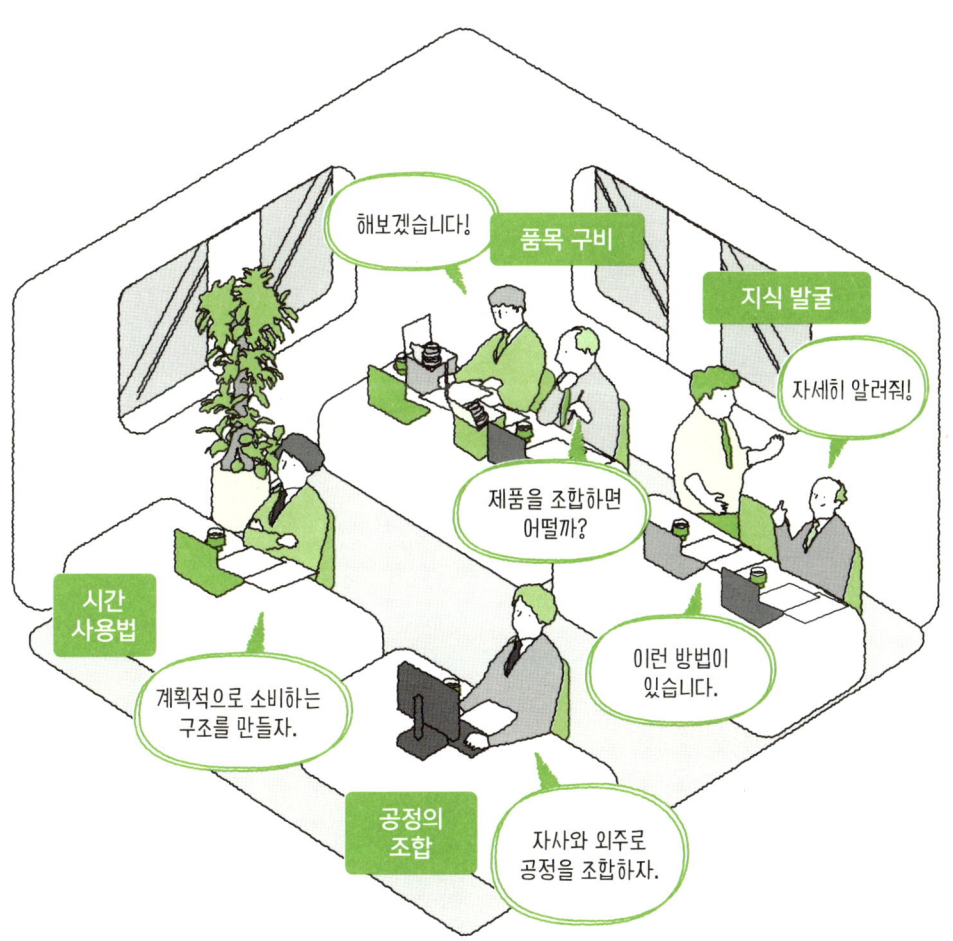

KEY WORD ➡ ✓ 사업의 방향

## 05 '고객은 어디에 있는가?'
## '고객은 누구인가?'

드러커는 '고객은 누구인가'라는 물음이 기업의 사명을 정의함에 있어 가장 중요하다고 말합니다.

거의 모든 사업에는 두 종류 이상의 고객 유형이 존재합니다. 식품 제조 기업이라면 주부와 소매점이 모두 고객입니다. 주부가 원하는 제품을 제조했어도 소매점 매대에 진열되지 않으면 주부의 구매로 연결되지 못하고, 소매점에서 제품을 진열했어도 주부가 구매하지 않으면 매출로 이어지지 않습니다. 따라서 주부와 소매점, 모두의 니즈에 주의를 기울여야 합니다.

### 고객은 소비자에 한정되지 않는다

구매자만 고객이라고 한정하면 안 되지요.

할인쿠폰을 발송해 드렸습니다.

전자 상거래는 검색 순서를 결정하는 포털 사이트의 니즈를 충족하는 것도 중요하다.

이거 주세요.

고객은 자사의 제품 및 서비스를 판매할 대상이다. 구매 이력이 있는 고객뿐만 아니라, 잠재적 구매 고객까지 고객 범위에 포함해야 있다.

사업을 둘러싼 환경은 끊임없이 변화하고, 한 번의 성공이 계속 이어지리란 보장도 없습니다. 고객의 가치관은 계속 변화합니다. 드러커는 항상 '고객은 누구인가?'라는 물음을 가지는 것이 중요하다고 말합니다. 기업은 고객의 범위를 좁히고, 고객을 특정하는 일을 항상 해야 합니다.

## 고객의 니즈가 사업의 방향을 결정한다

KEY WORD ➡ ✅ 마케팅 / 혁신 / 생산성 / 경영자원 / 사회적 책임 / 이익

# 목표 설정을 위한 6가지 관점

드러커는 '목표를 검토하는 이유는 지식을 얻기 위해서가 아니라 행동하기 위해서이다'라며 6가지 관점을 제시합니다.

사업 방향이 설정되었다면, 사업 목표를 명확히 합니다. 목표는 되도록 구체적이어야 합니다. 드러커는 목표를 설정할 때 가져야 할 6가지 관점을 제시합니다. 바로 '①마케팅, ②혁신, ③생산성, ④경영자원, ⑤사회적 책임, ⑥이익'입니다. 이 6가지 관점은 '버는 것'을 기준으로 하는 것이 아닙니다.

사업 목표는 6가지 관점에서 생각한다

**마케팅**
- 고객이 기존 제품에 만족하는가?
- 새로운 시장을 창조하고 새로운 제품을 제공할 수 있는가?
- 고객은 우리 회사를 신뢰하는가?

**혁신**
- 제품과 제공 방법에 혁신의 여지가 있는가?
- 모든 변화에 대응해서 꼭 실행해야 하는 혁신이 있는가?

'고객 만족으로 연결되는가? 이를 위해 지혜를 모아 노력하고 있는가'라는 발상을 기준으로 하는 것이 중요합니다. 모든 측면에서 완벽하게 실행할 수 있는 조직은 존재하지 않지만, 그렇다고 어느 한 가지라도 빼면 안 됩니다. 또한, 목표를 세웠다면 반드시 실행해야 합니다. 실천에 옮기지 않으면 그림의 떡이며, 단지 꿈에 지나지 않게 됩니다.

- 물적자원, 인적자원, 자금이 균형 있게 사용되고 있는가?
- 최대의 성과를 올릴 수 있도록 활용되고 있는가?
- 경영자원은 적절하게 사용되고 있는가?

- 시설, 설비, 원재료 등의 물적자원이 적시에 사용될 수 있을 만큼 충분한가?
- 인재를 필요한 만큼 확보하고 있는가?
- 미래를 위한 자금을 보유하고 있는가?

- 준비 자금은 충분히 보유하고 있는가?
- 현재의 이익으로 기업이 존속할 수 있는가?
- 기업 존속을 위해 달성해야 할 이익은?
- 투자 준비금은 충분한가?

- 소비자를 진심으로 배려하고 있는가?
- 소비자를 기만하는 행위(예: 불량 제품)를 하고 있진 않은가?
- 환경을 생각하고, 사회에 공헌하고 있는가?

KEY WORD ➡ ✓ 의사결정 / 조직 활동 / 성과 비교

# 07 목표를 달성하기 위해서는 전략 계획이 필수적이다

드러커는 목표를 달성하기 위해 '장기 계획이 아니라 전략 계획이 필요하다'고 말합니다.

목표를 설정했다면, 달성을 위해 무엇을 해야 하는지 생각해야 합니다. 전략 계획은 '행동 방법'을 의사결정하기 위해 설정된 설계도입니다. 전략 계획은 방법이 아니라 분석과 판단을 수반하는 사고입니다. 미래를 위해 오늘 해야 할 일, 성과를 내기 위해 감수해야 할 리스크, 이를 행동에 옮기는 방법에 대해 생각해야 합니다. 드러커는 전략 계획의 목적은 '현재와 미래를 동시에 경영하는 것'이라고 말합니다.

## 전략 계획의 본질은 사고하는 것이다

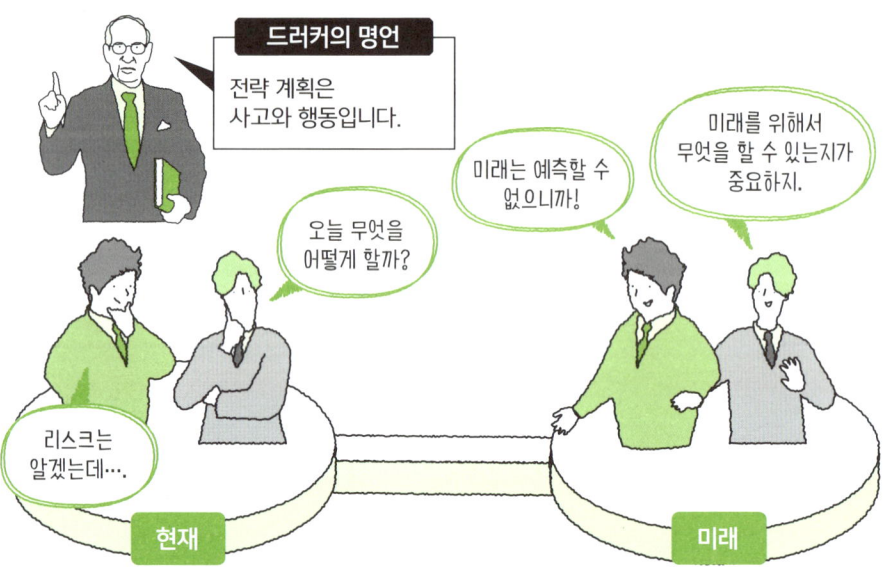

드러커의 명언: 전략 계획은 사고와 행동입니다.

오늘 무엇을 어떻게 할까?
미래는 예측할 수 없으니까!
미래를 위해서 무엇을 할 수 있는지가 중요하지.
리스크는 알겠는데….

**현재**: 전략 계획은 정해진 기법이나 프로그램으로 도출될 수 없으며 분석, 사고, 판단이 항상 필요하다.

**미래**: 누구도 미래를 예측할 수 없다. 하지만 미래의 가능성을 탐색하고 확장하는 것이 매우 중요하다.

전략 계획은 '리스크를 동반하는 의사결정을 한다', '실행을 위해 체계적으로 조직 활동을 한다', '활동결과와 기대성과를 비교한다'의 3단계를 반복합니다. 의사결정에서는 '어떤 일을 할까'뿐만 아니라 '어떤 일을 하지 않을까'를 결정하는 것도 중요합니다. 그리고 조직 활동에서 사람과 팀에 구체적인 업무를 할당하고, 최종적으로는 의사결정을 통해 성과가 리스크를 상회하는지 검증하며, 필요에 따라서는 의사결정과 조직 활동을 재검토해야 합니다.

## 전략 계획은 반복하는 것이 중요하다

- 왜 하지?
- 무엇을 할까?
- 언제 할까?
- 어떻게 하면 될까?
- 어떤 일을 할까? 어떤 일을 하지 말까?
- 무엇을 언제 그만둘까?

**리스크를 동반한 의사결정**

성과가 나오지 않았다. 목표를 재검토하자.

목표 / 성과

1. 누가 할 것인가?
2. 언제 할 것인가?
3. 얼마에 할 것인가?

의사결정에 따라 부서와 개인에게 구체적인 업무를 할당한다.

**기대성과와 비교** — **체계적인 조직 활동**

01 드러커에게 배우는 경영의 핵심

KEY WORD ➡ ✓ 보람과 생산성

# 08 일과 노동은 분리해서 생각한다

사업의 생산성과 일하는 사람의 보람을 동시에 달성하기는 매우 어렵습니다. 드러커는 일과 노동을 구분해야 한다고 말합니다.

드러커의 가정에 따르면, 일은 논리적·분석적으로 조립할 수 있습니다. 인간의 기량이 같아도 시스템에 따라 생산성의 차이가 발생하므로, 성과를 높이기 위해서는 효율성을 중시해야 합니다.

노동은 인간의 활동 그 자체입니다. 사람마다 작업 속도와 지속력이 다르며, 같은 노동이라도 사람마다 각기 다른 방법이 존재합니다. 또한 인간은 활동을 통해 성취를 추구하므로 노동은 자기실현의 수단이기도 합니다.

## 일과 노동의 차이를 이해한다

성과를 높이기 위해서는 논리적이고 분석적으로 프로세스를 검토함으로써 효율성을 높이는 것이 필요하다.

노동은 자기실현의 수단이자 사회와 유대 관계를 맺는 행위이다. 조직에 소속되어 노동하는 경우, 상하 관계 및 권력 관계가 생긴다.

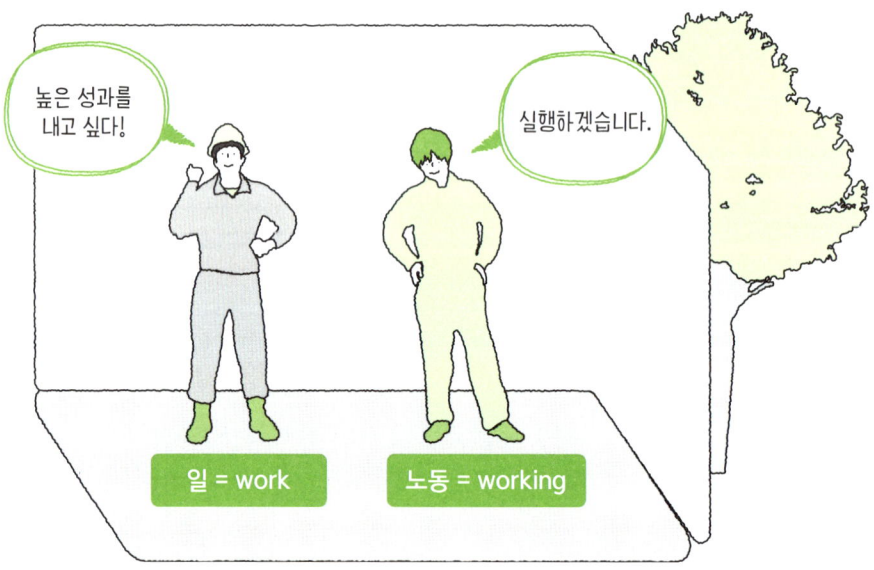

32

생산성과 보람을 동시에 달성하기는 의외로 어렵습니다. 생산적이지만 인간미가 없는 직장, 활기차게 일하는 분위기임에도 생산성이 낮은 직장도 많습니다. 경영자와 관리자는 일하는 사람들의 의욕을 끌어내고, 생산성이 높은 일을 부여함으로써 성과가 나는 구조를 만들어야 합니다. 그러기 위해서는 일과 노동의 차이를 알아야 합니다.

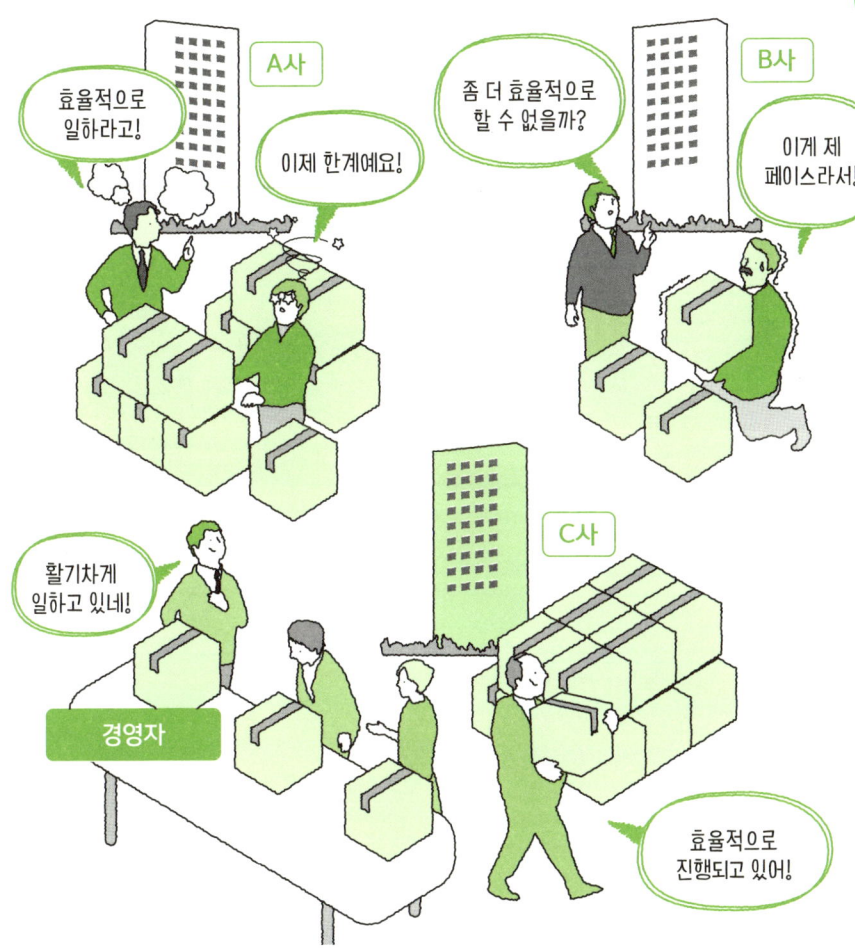

이상적인 조직은 일이 생산적으로 수행되고, 사람들이 의욕적으로 일할 동기를 부여한다. 일과 노동의 양립이야말로 사업의 생산성을 높이는 핵심이며, 이를 경영할 사람이 필요하다.

KEY WORD ➡ ✓ 인풋과 아웃풋

## 생산성을 높이기 위해서는 성과 중심으로 사고한다

드러커는 생산성을 높이기 위해서는 '성과, 즉 일의 아웃풋을 중심으로 생각해야 한다'고 말합니다.

생산성이란 일의 효율성과 창출된 부가가치를 말합니다. 인풋(경영자원이나 노력의 투입)보다 아웃풋(산출물, 성과물)이 높을수록 생산성이 높아집니다. 생산성을 향상하기 위해서는 '사람, 물자, 돈, 시간'이라는 4가지 요소가 적절하게 배분되었는지 항시 검증해야 합니다. 자원을 잘 활용하는 것이 생산적인 일로 이어집니다.

### 생산성을 지원하는 4가지 요소

**드러커의 명언**
생산성은 프로세스, 기업, 경제 활동 전반에 존재하는 자원의 총체이다.

생산성

너무 많아도 너무 적어도 안 돼!

적절히 배분되어 있는지 검토하자!

| 시간 | 돈 (자산) | 물자 (물적자원) | 사람 (인적자원) |

'일'은 성과를 올리는 프로세스를 논리적으로 조립한 것이므로, '일의 생산성'은 성과(일의 아웃풋)를 기준으로 생각해야 합니다.

드러커는 '①분석, ②가장 생산적인 공정 구조, ③공정을 관리하는 시스템 구축, ④적절한 도구 제공'이라는 4가지 접근 방식을 통해 좋은 작업 환경을 만들고 순환시킬 것(경영)을 제안했습니다.

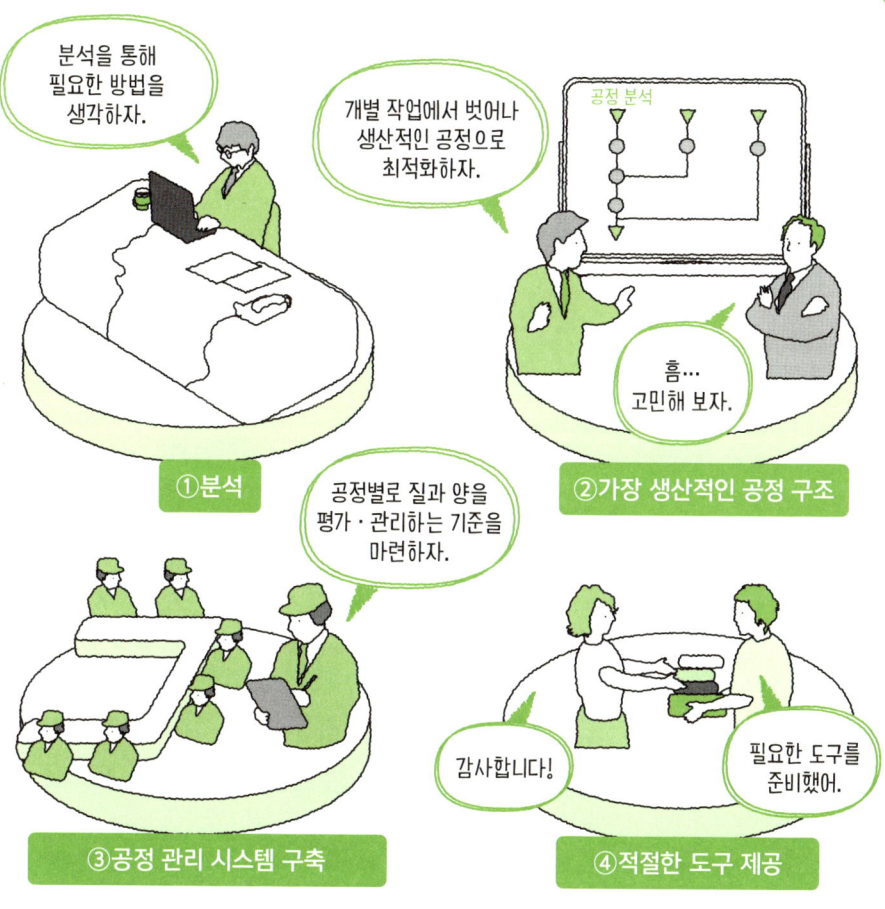

성과에 주목하여 경영한다

① 분석 — 분석을 통해 필요한 방법을 생각하자.

② 가장 생산적인 공정 구조 — 개별 작업에서 벗어나 생산적인 공정으로 최적화하자. 흠… 고민해 보자.

③ 공정 관리 시스템 구축 — 공정별로 질과 양을 평가·관리하는 기준을 마련하자.

④ 적절한 도구 제공 — 필요한 도구를 준비했어. 감사합니다!

일을 생산적으로 하려면 개개인을 존중하고 책임을 분담하는 것이 중요하다.

KEY WORD → ✓ 유효한 결정

## 10 의사결정에서는 '정답'이 아니라 '문제에 대한 정확한 이해'가 중요

다양한 문제를 해결하기 위해서는 올바른 의사결정을 해야 합니다.
그러기 위해서는 6단계의 사고가 필요합니다.

드러커는 의사결정을 유효한 결정effective decisions이라고 표현했습니다. 단순히 결정만 하는 것이 아니라, 조직에 발생한 문제를 어떻게 해결할 것인지 정하는 것이기에 중요한 일입니다. 문제를 잘못 이해하면 어떤 해결책을 사용하든 성과가 나지 않습니다. 의사결정 과정은 '해결해야 할 문제가 무엇인가?'에 대한 정확한 이해에서 시작됩니다.

### 우선, 문제가 무엇인지 정확히 파악한다

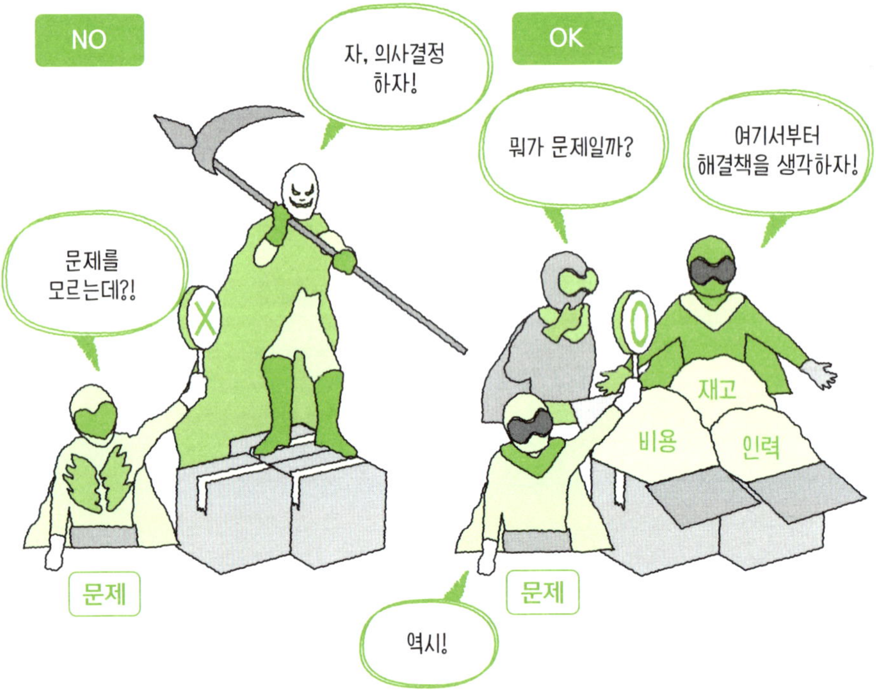

**NO**
자, 의사결정 하자!
문제를 모르는데?!
문제

**OK**
뭐가 문제일까?
여기서부터 해결책을 생각하자!
재고 비용 인력
문제
역시!

의사결정 과정은 '①문제 정의, ②의사결정 목적과 목표 확인, ③복수의 해결책 발굴, ④실행 수단 구현, ⑤철저한 실행, ⑥결과 평가' 순으로 진행됩니다. 일반적으로 ④에서 의사결정을 끝내는 경향이 있습니다. 그러나 본래 의사결정은 '어떻게 행동할 것인가'를 결정하는 것이므로 ⑤와 ⑥을 진행하는 것이 매우 중요합니다.

의사결정 과정 6단계

KEY WORD → ✓ 성과에 대한 장기적 관점

## 11 목표 달성을 위해 양질의 조직 문화를 조성한다

'성과는 타율이다'라고 설파한 드러커는 장기적인 성과를 성실히 평가하는 것이 중요하다고 생각했습니다.

회사의 최대 자산은 '사람'입니다. 물론, 회사가 인재 개인의 능력으로 존속하는 것은 아닙니다. 회사는 본디 평범한 사람들의 모임입니다. 평범한 사람들이 힘을 합침으로써 비범한 성과를 만들어내는 것이 조직으로서의 강점입니다. 사람의 마음가짐에 따라 일하는 방식이 크게 달라지기 때문에 경영자는 전략을 세우고 성과가 오르는 조직 문화를 만들어야 합니다.

### 목표를 달성하는 방법

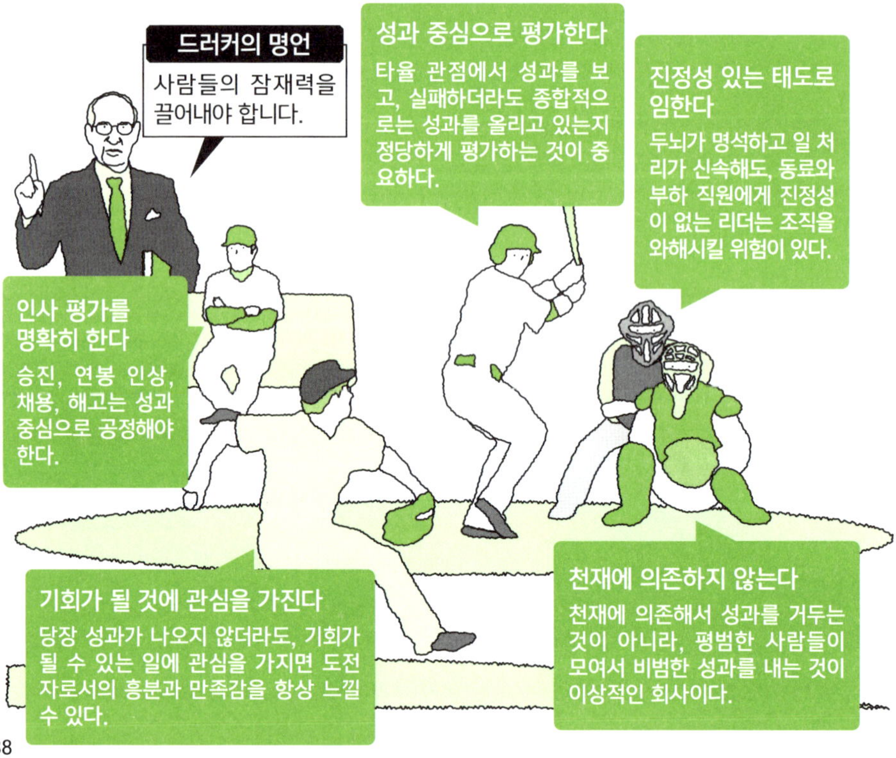

**드러커의 명언**
사람들의 잠재력을 끌어내야 합니다.

**성과 중심으로 평가한다**
타율 관점에서 성과를 보고, 실패하더라도 종합적으로는 성과를 올리고 있는지 정당하게 평가하는 것이 중요하다.

**진정성 있는 태도로 임한다**
두뇌가 명석하고 일 처리가 신속해도, 동료와 부하 직원에게 진정성이 없는 리더는 조직을 와해시킬 위험이 있다.

**인사 평가를 명확히 한다**
승진, 연봉 인상, 채용, 해고는 성과 중심으로 공정해야 한다.

**기회가 될 것에 관심을 가진다**
당장 성과가 나오지 않더라도, 기회가 될 수 있는 일에 관심을 가지면 도전자로서의 흥분과 만족감을 항상 느낄 수 있다.

**천재에 의존하지 않는다**
천재에 의존해서 성과를 거두는 것이 아니라, 평범한 사람들이 모여서 비범한 성과를 내는 것이 이상적인 회사이다.

조직의 사기를 높이는 열쇠는 성과에 대한 장기적인 관점을 가지는 것입니다. 성과를 내는 사람이란 가치를 창출하는 사람이지만, 시행착오 단계에서는 실패할 수도 있습니다. 도전한 사람을 비난하면 의욕과 사기가 떨어집니다. 의욕적인 인재에게는 실패 경험도 따르기 마련이라는 사고를 기반으로 사람들의 도전 정신을 끌어낼 수 있는 환경을 만들어야 합니다.

## 의욕적인 인재에게는 실패도 있기 마련이다

## column 01

알려지지 않은 드러커의 인물상 ①

# 명문가 출신의 사회생태학자

드러커는 1909년, 당시 오스트리아-헝가리 제국의 수도 빈에서 태어났으며, 피터 퍼디낸드 드러커 Peter Ferdinand Drucker 가 공식적인 이름입니다. 아버지는 정부 고위 공무원, 어머니는 국내에서 여성 최초로 의학을 전공했습니다.

드러커는 초등학교를 월반할 정도로 학업 성적이 우수했고 대외활동과 사회활동에 관심이 많았습니다. 대학교에 재학 중이던 17세에 무역회사에도 취직했습니다.

이후, 23세에 영국, 27세에 미국으로 건너가면서 다양한 직업을 경험합니다. 30세가 된 1939년에 첫 저서 《경제인의 종말》을 시작으로 평생에 걸쳐 수많은 저서를 남겼습니다.

1971년부터 2003년까지 30년 이상 캘리포니아주 소재 클레어몬트대학교 대학원 교수로 재직하였습니다. 2005년, 96세 생일을 8일 앞두고 세상을 떠났습니다.

드러커는 20세기의 대부분을 살았다는 점에서 '20세기의 목격자'라고 불리기도 합니다.

# 용어해설 KEYWORDS

☑ KEY WORD
## 마케팅

팔리는 구조를 만드는 것. 고객을 기점으로 발상하고 활동하는 것을 의미한다. 도·소매업은 구매부터, 제조업은 제조부터 생각하기 쉽지만, 드러커가 말하는 마케팅은 고객의 사용 상황과 구매 현장에서 거슬러 올라가면서 시스템을 구축해 가는 것이다.

☑ KEY WORD
## 혁신

기존의 노하우, 제품, 고객 니즈, 시장 등 이미 존재하는 것을 더욱더 새롭게 하거나 발상을 바꿈으로써 새로운 제품 가치를 창출하는 것. '더 좋은 제품, 더 많은 편의, 더 큰 욕구 충족'을 추구하고 지속해서 개선과 혁신을 거듭하는 시스템과 활동을 가리킨다.

☑ KEY WORD
## 목표 설정

명확한 의의와 목적을 가지고 달성을 위한 구체적인 목표를 설정한다. 드러커는 목표를 설정할 때 ①마케팅, ②혁신, ③생산성, ④경영자원, ⑤사회적 책임, ⑥이익이라는 6가지 관점을 제시한다.

☑ KEY WORD
## 전략 계획

드러커는 전략 계획을 ①리스크를 수반하는 의사결정을 하고, ②실행을 위해 체계적인 조직 활동을 수행하고, ③ 활동결과를 기대성과와 비교하는 것이라 말한다. 덧붙여 이러한 활동을 반복해야 한다고 강조한다.

☑ KEY WORD
## 의사결정

경험이나 직감에 의존하지 않고 어디까지나 규칙에 따라 행하는 것. 드러커가 말하는 의사결정 절차는 '①문제를 정의한다, ②의사결정의 목적과 목표를 확인한다, ③복수의 해결책을 발굴한다, ④실행 수단을 구현한다, ⑤철저하게 실행한다, ⑥결과를 평가한다'이다.

# Chapter 2

PETER DRUCKER
MANAGEMENT
VISUAL NOTES

# 드러커에게 배우는
# '최강의 조직론'

> 일은 혼자서 성과를 내는 데 한계가 있습니다. 조직에 소속되어 있다면 힘을 합쳐 큰 성과를 낼 수 있습니다. 이번 장에서는 다양한 조직론에 관해 다뤄 보겠습니다.

비즈니스를 하는 사람들은 대부분 특정 조직에 소속되어 있습니다. 드러커는 조직을 연구하면서 발견한 이론들을 우리에게 도움이 될 조언으로 많이 남겨 주었습니다. 이 장에서는 조직을 개선할 방법을 명확히 배울 수 있습니다.

KEY WORD ➡ ✓ 조직 설계

# 01 조직이란 목표 달성을 위한 구조이다

드러커는 기업 조직에 관해 연구했습니다. 그는 조직에 대한 관찰을 통해 조직은 단순한 인재 배치 그 이상이라고 생각하게 되었습니다.

비즈니스의 현장은 대부분 여러 사람이 모여 조직을 이루어 일합니다. 조직을 '인재 배치'라고 생각하기 쉽지만, 그렇지 않습니다. 조직이란 '사람·물자·돈·시간'이라는 한정된 경영자원을 정확하게 배치하기 위한 구조입니다. 그럼 조직 설계는 어떻게 하면 좋을까요? 첫 번째로 생각해야 할 것은 '무엇을 위해 조직 설계를 할 것인가?'입니다.

**'조직=인재 배치'가 아니다!**

조직이란 단순한 인재 배치가 아니다.
경영자원을 정확하게 배치하여 성과를 내는 조직을 만드는 것이 중요하다.

두 번째는 '목표를 달성하기 위해 필요한 기능은 무엇인가?'를 생각합니다. 일에는 직접적으로 공헌할 수 있는 일과 간접적으로 공헌할 수 있는 일이 있습니다.

앞의 두 가지를 정리했다면, 다음은 조직을 구성하는 방법에 대해 생각합니다. 조직을 공헌 유형별로 구분할 수 있다면 필요한 능력의 질과 양을 결정합니다. 마지막으로는 각 부서에 어느 정도의 조정이 필요한지 생각합니다.

## 공헌 유형별로 조직을 구분한다

목표를 달성하기 위해서는, '사람·물자·돈·시간'이라는 한정된 경영자원을 정확하게 배분하는 것이 필수이다.

KEY WORD ➡ ✅ 핵심 활동 분석

# 02 조직을 설계하는 목적을 명확히 한다

드러커는 조직을 설계하기 전에 전략을 명확히 해야 한다고 말합니다.

전략은 조직을 설계하는데 선행해야 할 필수 요소입니다. 조직의 목적을 명확히 하고, 필요한 활동과 불필요한 활동을 정리합니다. 이를 위해서는 '자사의 우위성을 확실히 하는데 필요한 업무'를 체계적으로 파악하는 핵심 활동 분석이 필요합니다.

자사가 경쟁사를 이기기 위해서는 강점을 강화하는 동시에, 치명적인 약점을 제거하고 극복해야 합니다.

### 강점을 찾고, 약점은 극복한다

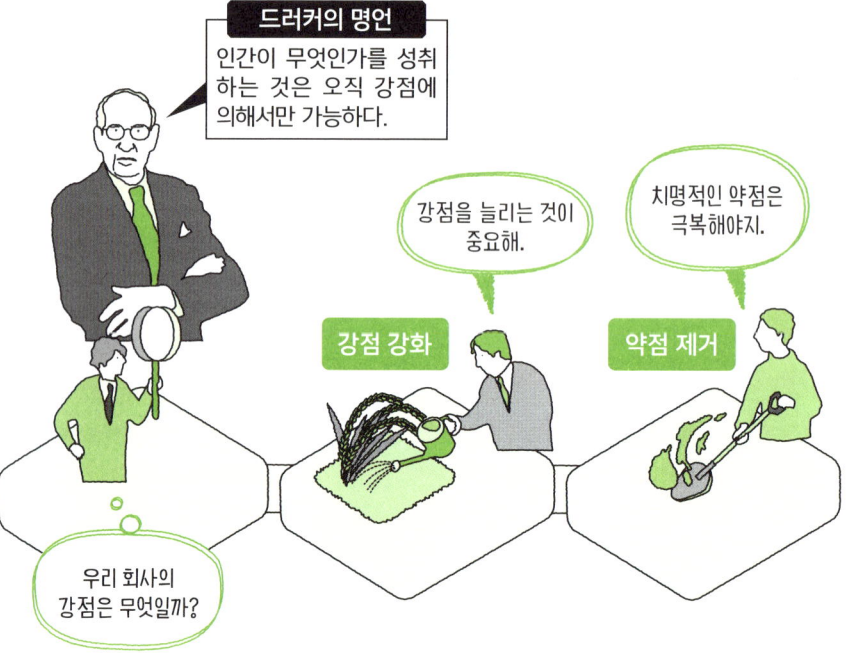

46

경영자원은 한정되어 있으므로 자사의 강점을 살릴 수 있는 분야에 우선순위를 두고, 매진해야 하는 분야와 연기하거나 무시해도 되는 분야를 분리합니다. 매진해야 하는 분야를 명확히 하는 것도 핵심 활동 분석 중 하나입니다. 또한, '무엇을 실현하고자 하는가?', '고객 만족에 기여하는가?', '최고 경영자는 어떠한가?', '경영 이념을 준수하고 있는가?'를 수시로 자문해야 합니다.

## 매진해야 하는 분야를 명확히 한다

- 매진해야 하는 분야: 영업, 판매
- 이것들은 미뤄두자: 홍보, 인사 (연기해도 되는 분야)
- 지금은 영업과 판매에 집중해야 한다.
- 연구개발, 회계, 일반사무
- 매진해야 하는 분야를 명확히 하자.

MARATHON

경영자원은 무한하지 않다.
해야 할 일을 명확히 하는 것도 핵심 활동 분석 중 하나이다.

KEY WORD → ✓ 의사결정 분석 / 관계(공헌) 분석

# 조직 개선을 위한 2가지 분석

사업 활동을 효율적으로 하려면 어떻게 해야 할까요?
드러커는 '의사결정 분석'과 '관계(공헌) 분석'이 필요하다고 말합니다.

조직의 생산성을 높이려면 '의사결정 분석'과 '관계(공헌) 분석'이 필요합니다. 의사결정 분석이란 '성과를 내기 위해 어떤 결정이 필요한가?', '그 결정이 어떤 영향을 미치는가?', '누가 실행할 것인가?', '누가 지원해 줄 것인가?'를 분석합니다. '결정'이 초래할 것들을 파악해 둠으로써 각 부서의 연계성을 체크할 수 있습니다.

## 최종안을 결정하기 위한 의사결정 분석

그 결정은 어떤 영향을 미치는가?

성과를 내기 위해 어떤 결정이 필요한가?

성과

GOAL!

선택에 고민이 되는군.

누가 실행할 것인가?
누가 지원해 줄 것인가?

START!

의사결정을 분석해 보자.

관계(공헌) 분석이란 부서 간의 관계를 정확히 파악하는 것입니다. '어느 부서가 어느 부서에 어떤 공헌을 하는가?', '우리 부서는 어느 부서의 어떤 공헌을 기대하고 있는가?' 등을 명확히 하면 주어진 공헌을 완수하지 못했을 경우, 원인을 찾기 쉬워집니다. 물론 완벽한 조직은 없지만, 항상 조직을 개선하기 위해 노력하는 것이 중요하다고 드러커는 강조합니다.

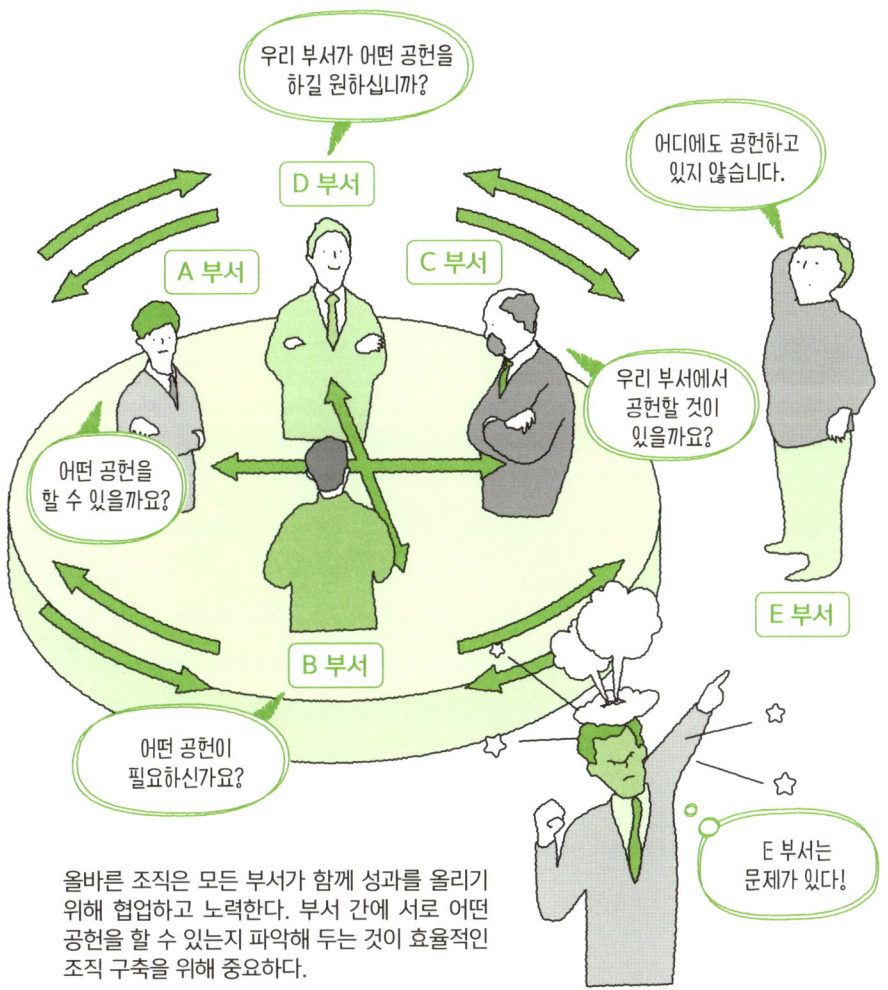

부서 간의 관계를 파악하기 위한 관계(공헌) 분석

올바른 조직은 모든 부서가 함께 성과를 올리기 위해 협업하고 노력한다. 부서 간에 서로 어떤 공헌을 할 수 있는지 파악해 두는 것이 효율적인 조직 구축을 위해 중요하다.

KEY WORD ➡ ✅ 좋은 조직의 조건

## 04 조직이 갖춰야 할 7가지 조건

좋은 조직인지 아닌지는 어떻게 알 수 있을까요?
드러커는 '좋은 조직의 7가지 조건'을 제시합니다.

---

드러커는 조직이 충족해야 할 최소한의 조건 7가지를 제안했습니다.

'①이해하기 쉬워야 한다, ②경제적이어야 한다, ③방향에 일관성이 있어야 한다, ④업무가 명확해야 한다, ⑤의사결정이 용이해야 한다, ⑥조직 구조가 안정적이어야 한다, ⑦존속해야 한다'

이것이 좋은 조직의 조건입니다. ①~⑤를 보면, 드러커가 '명쾌함'을 중요하게 생각한다는 것을 알 수 있습니다.

### 좋은 조직의 7가지 조건

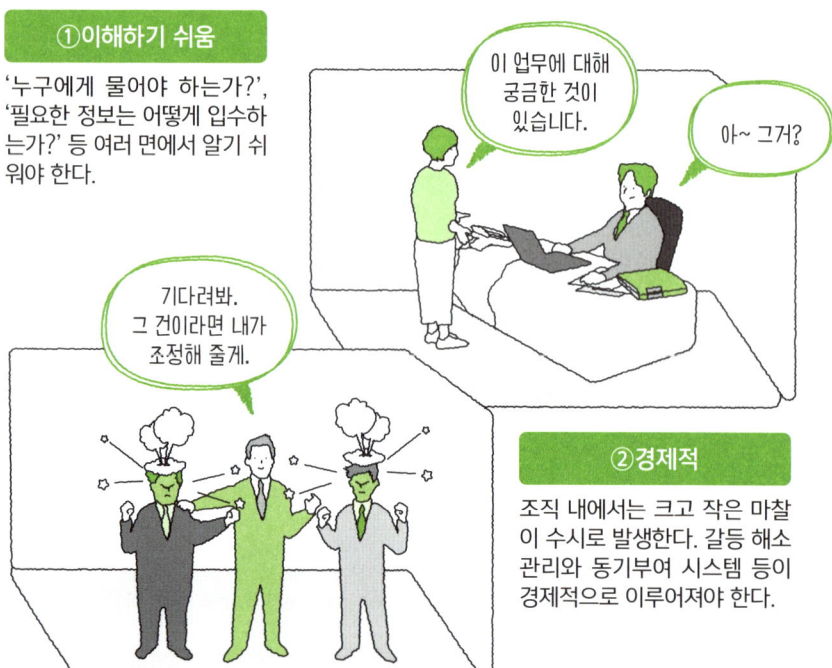

**①이해하기 쉬움**
'누구에게 물어야 하는가?', '필요한 정보는 어떻게 입수하는가?' 등 여러 면에서 알기 쉬워야 한다.

이 업무에 대해 궁금한 것이 있습니다.

아~ 그거?

기다려봐. 그 건이라면 내가 조정해 줄게.

**②경제적**
조직 내에서는 크고 작은 마찰이 수시로 발생한다. 갈등 해소 관리와 동기부여 시스템 등이 경제적으로 이루어져야 한다.

⑥과 ⑦의 조건은 조직이 안정된 동시에 환경에 적응할 수 있어야 함을 말합니다. 일을 둘러싼 환경에 민첩하게 대응하는 것도 중요하지만, 민첩함이 지나쳐서 매번 대규모 조직개편을 단행하면 사람들이 침착하게 일에 전념할 수 없습니다. 반면, 안정성을 지나치게 추구하면 조직이 기동력을 잃게 됩니다. 균형을 고려하여 조직을 구축해 가는 것이 중요합니다.

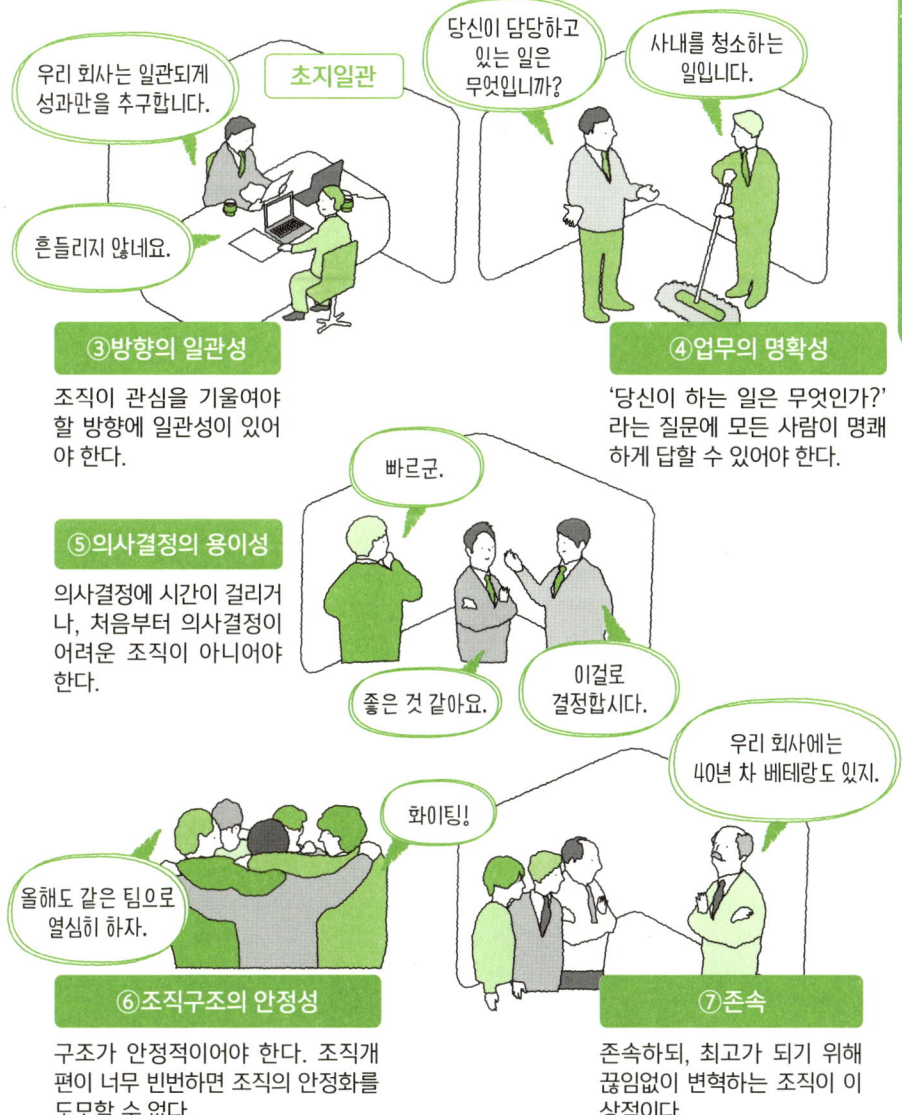

KEY WORD ➡ ✓ 사업부 체제 / 기능별 조직

# 05 조직 형태의 장단점을 파악하다

드러커는 조직의 형태에 대해서도 언급하고 있습니다. 조직의 형태에는 각각 강점이나 약점이 있다고 합니다.

기업 조직은 '사업부 체제'와 '기능별 조직'의 2가지 형태가 있습니다. '사업부 체제'는 그룹화할 수 있는 제품군이나 지역별로 사업 단위를 설정하는 조직 구조입니다. 각 사업부가 독립적으로 운영되므로 이익 단위 구조를 만들 수 있지만, 사업부마다 유사한 간접 부문이 발생하므로 비효율적인 면도 있습니다. 간접 부문을 통합한 유사사업부 체제를 본사 차원에서 운영하면 비효율적인 부분을 제거할 수 있습니다.

## 사업부 체제란?

사업부 체제는 사업부별로 독립되어 있어 이익 단위의 체계를 구축할 수 있다는 장점이 있다.

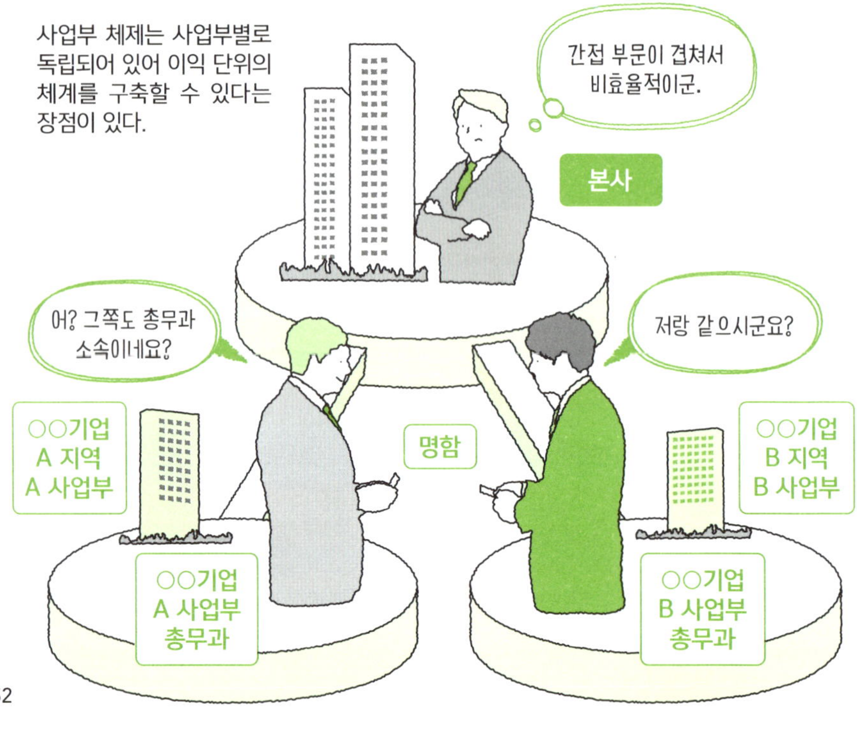

간접 부문이 겹쳐서 비효율적이군.

본사

어? 그쪽도 총무과 소속이네요?

저랑 같으시군요?

○○기업
A 지역
A 사업부

명함

○○기업
B 지역
B 사업부

○○기업
A 사업부
총무과

○○기업
B 사업부
총무과

'기능별 조직'은 제조·영업·회계 등 업무 내용에 따라 수직적으로 분할한 조직 구조입니다. 전문성을 강화하는 전문직 양성에 적합하지만, 부서 간 협업이 어렵고 마찰이 발생하는 경향이 있습니다. 전사적 관점의 의사결정 능력이 요구되는 경영 임원직을 육성하기에는 적합하지 않습니다.

사업부 체제와 기능별 조직은 각각의 강·약점을 보완하는 관계라고 할 수 있습니다.

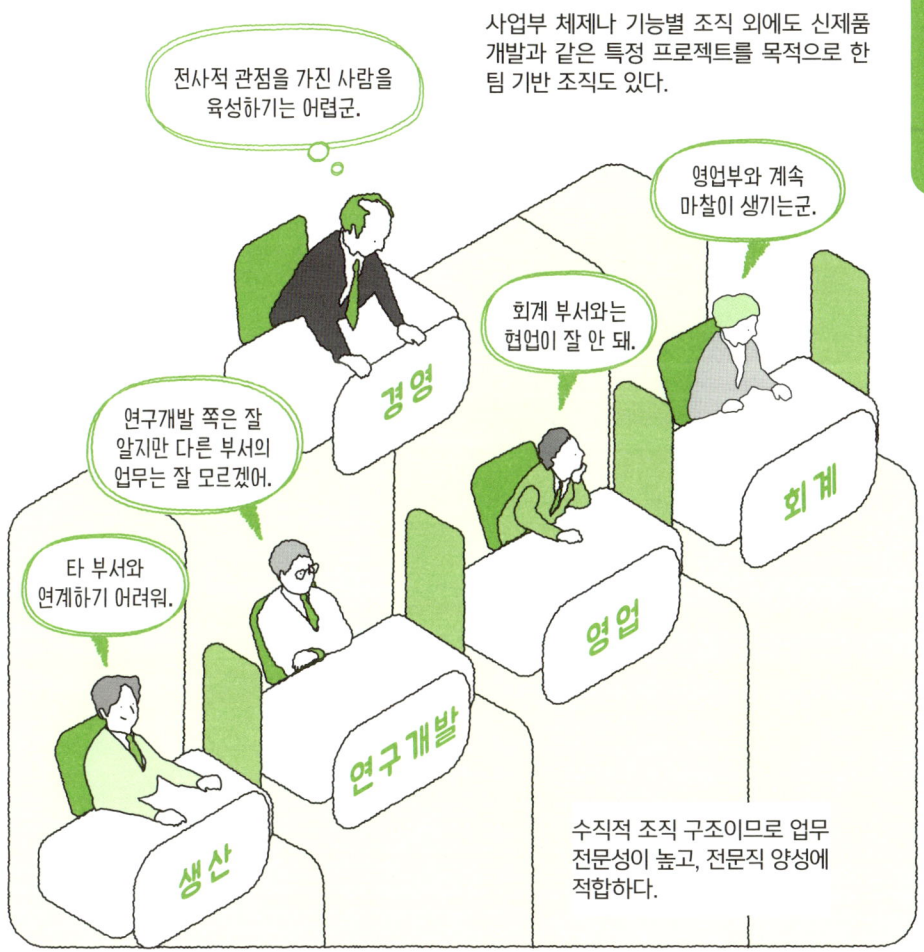

기능별 조직이란?

KEY WORD ➡ ✓ 주요 요인 / 목표 관리

# 06 조직을 잘못된 방향으로 이끄는 4가지 요인

성과를 올리려면 임직원 모두 같은 방향으로 나아가야 합니다.
단, 그 과정에서 잘못된 방법을 취하게 될 수도 있습니다.

임직원 모두 한 방향을 향하도록 이끌어야 우수한 조직이라고 할 수 있습니다. 하지만 그 과정에서 종종 잘못된 방법을 취하는 경우도 있습니다. 그 이유에 대해 드러커는 크게 4가지 요인을 꼽습니다.

'①기능 기준으로 조직을 세분화한다, ②계층 관계(상하 관계)를 강화한다, ③현장과 경영진 간의 기대치가 달라 공통의 이해를 도모할 수 없다, ④잘못된 행동에서 비롯된 성과임에도 보상을 한다' 등의 관행이 계속되면, 결국 성과를 내지 못하는 사람들만 조직에 남게 됩니다.

## 잘못된 요인 4가지

❶ 기능 기준으로 조직 세분화

❷ 엄격한 상하 관계

❸ 현장과 경영진 간의 기대치의 격차

❹ 잘못된 행동에서 비롯된 성과에 보상

올바른 방향성을 위해 필요한 것은 '목표 관리'입니다. 이는 상위 부서의 목표를 기준으로 각자 소속 부서의 목표를 명확히 하고, 직원이 업무 성과에 기여할 수 있도록 이끄는 것입니다. 목표 관리 경영의 가장 큰 장점은 경영관리자도 자신의 목표를 고민하고 수립할 수 있습니다.

기업 경영에 공헌할 방법을 인식하고 주체적으로 경영에 대해 검토할 수 있습니다.

KEY WORD ➡ ✅ 공헌 관계

# 07 조직은 서로 공헌하는 관계가 되어야 한다

드러커는 '조직의 성과에 큰 영향을 미치는 공헌이 무엇인지 항상 생각해야 한다'라고 말합니다.

기업 조직은 특정 부서의 성과에만 기대면 안 됩니다. 모든 조직이 성과를 낼 수 있는 협업 시스템을 규칙으로 만들어야 합니다. 제조, 영업, 회계, 개발, 인사 등 소속된 부서 내에서의 공헌만 추구하면 큰 성과를 낼 수 없습니다. 각 부서의 관계를 명확히 하되, 부서를 가리지 않고 서로 어떤 공헌을 할 것인지 고민해야 합니다.

## 상호 공헌하는 조직

타 부서와의 관계 형태는 주로 전공정과 후공정의 관계, 지원과 피지원의 관계입니다. 상호 간에 어떤 공헌이 필요한지 소통하는 것이 중요합니다. 타 부서에 대한 공헌의 대가로 자기 부서에 대한 공헌도 요구해야 합니다.

상사와 직원 간의 공헌도 명확히 해야 합니다. 부하 직원의 기본 업무는 상사를 보좌하는 것이고, 상사의 기본 업무는 정책과 목표를 설정하며 부하 직원을 지도·교육·지원하는 것입니다.

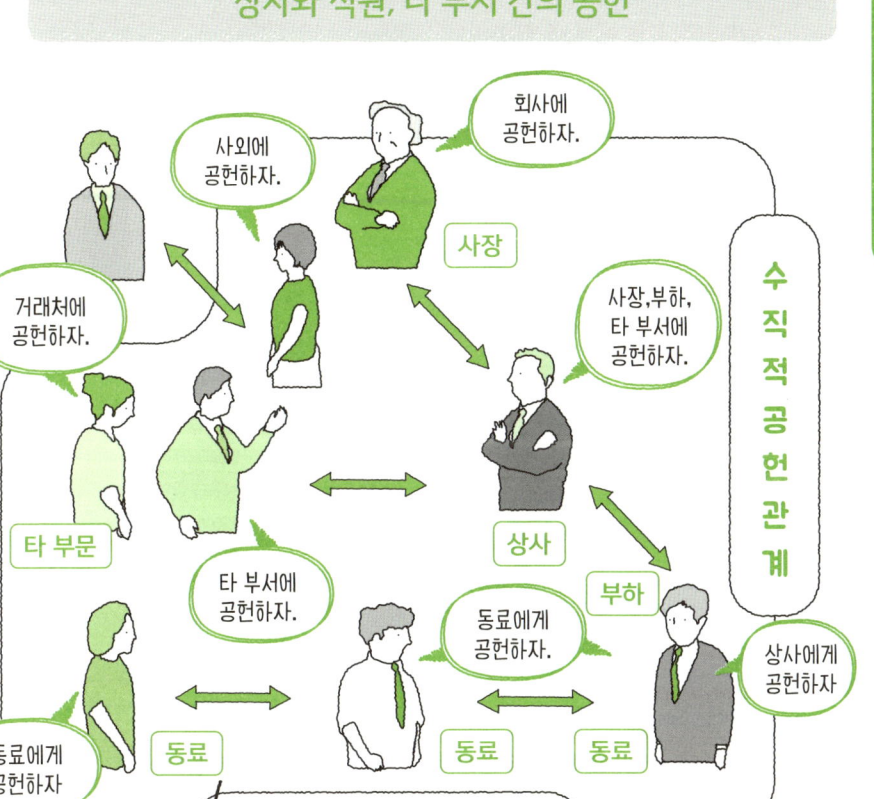

KEY WORD → ✓ 제너럴리스트

## 08 신사업에는 조직을 화합시키는 리더가 반드시 필요하다

조직에는 해당 분야의 스페셜리스트뿐만 아니라, 직원의 능력을 끌어내는 리더도 필요합니다.

조직은 전문성과 능력을 적절히 결합한 종합력을 발휘해야 도약할 수 있습니다. 따라서 프로젝트에 적합한 리더를 선발해야 합니다.

이때 중요한 것은 기술이나 개발 분야에서 두각을 나타내는 뛰어난 인물보다, 사업 전체를 바라보는 통찰력과 인재를 발굴·육성하는데 우수한 능력을 갖춘 제너럴리스트generalist(관리의 스페셜리스트)여야 합니다.

### 스페셜리스트와 제너럴리스트

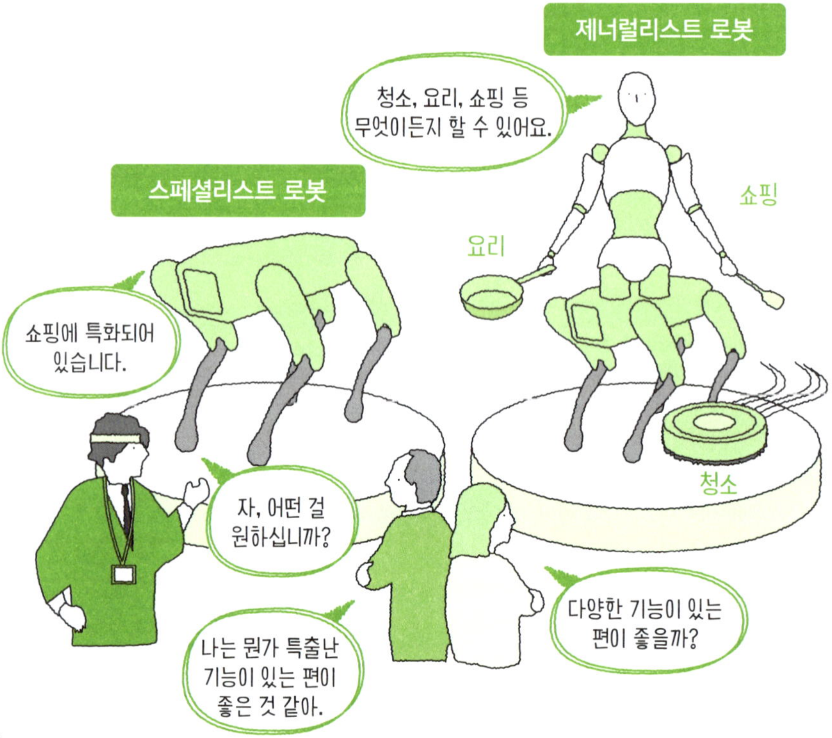

**제너럴리스트 로봇**
청소, 요리, 쇼핑 등 무엇이든지 할 수 있어요.
요리
쇼핑
청소

**스페셜리스트 로봇**
쇼핑에 특화되어 있습니다.

자, 어떤 걸 원하십니까?

나는 뭔가 특출난 기능이 있는 편이 좋은 것 같아.

다양한 기능이 있는 편이 좋을까?

전문성을 갖춘 스페셜리스트specialist는 전문 지식을 고수하고, 무의식적으로 자신이 원하는 방향으로 이끌려는 경향이 있습니다. 자신의 의사를 강력하게 표명하고, 지시와 명령으로 직원을 통솔하는 것만으로는 바람직한 리더 상이 될 수 없습니다. 드러커는 회사의 모든 기능을 총동원하여 전 직원의 개성을 끌어내고 지원하며 화합시킬 수 있는 리더(관리의 스페셜리스트)가 필요하다고 생각했습니다.

KEY WORD ➡ ✓ 성과와 책임

# 09 스페셜리스트에게는 성과만 요구한다

스페셜리스트에게는 '지시에 따라 업무를 수행하라'는 조건이 통하지 않습니다. 높은 성과를 요구하되, 과정에 간섭하지 않는 것이 좋습니다.

전문 지식과 기술을 활용하여 일하는 유형의 사람을 스페셜리스트라고 합니다. 공학 엔지니어, 화학자, 생물학자와 같은 이공계 분야 전문가, 변호사, 경제학자, 공인회계사 등이 포함됩니다. 스페셜리스트 유형은 업무 지시 방식이나 처우에 관해 불만을 가지기 쉽습니다. 이들에게는 '결정된 지시 사항에 따라 업무에 임하면 된다'는 발상이 통하지 않습니다.

## 방법론은 스페셜리스트에게 맡긴다

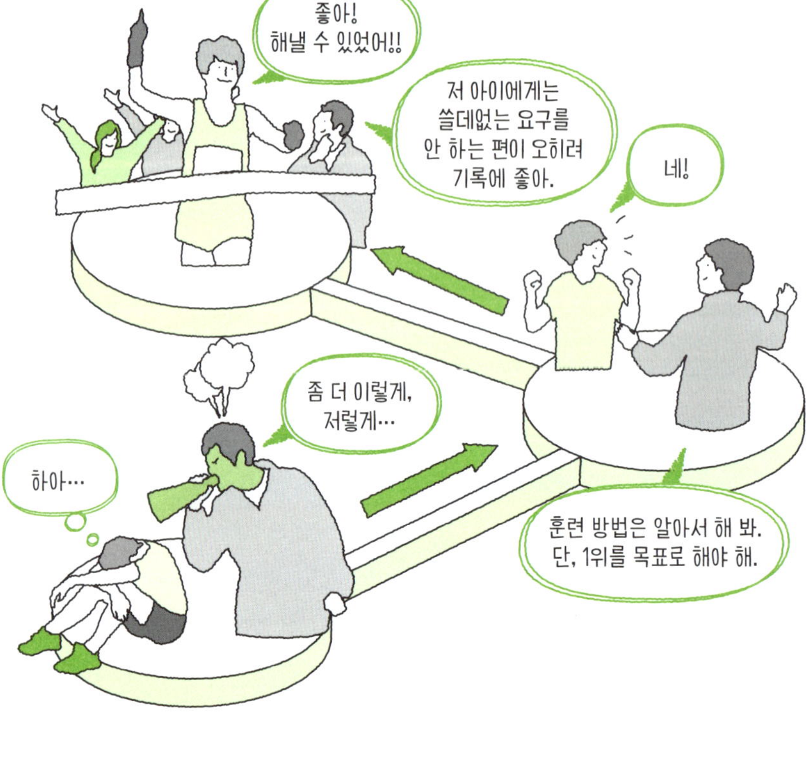

좋아! 해낼 수 있었어!!

저 아이에게는 쓸데없는 요구를 안 하는 편이 오히려 기록에 좋아.

네!

좀 더 이렇게, 저렇게…

하아…

훈련 방법은 알아서 해 봐. 단, 1위를 목표로 해야 해.

60

지시에 대한 복종을 강요하면 스페셜리스트는 의욕을 상실하게 됩니다. 효율적인 작업 방식에 관해서는 그들이 가장 잘 알고 있습니다. 스페셜리스트에게 업무를 요청할 때는 결과물만 요구하면 됩니다. 단, 기업이 추구하는 업무 방향과 가치에 대해서는 반드시 공유해야 합니다.

드러커는 스페셜리스트에게는 업무를 위임하되, 성과가 나오지 않을 경우 스스로 책임지도록 하는 것이 이상적이라고 말합니다.

## 스페셜리스트에게는 더 높은 성과를 요구한다

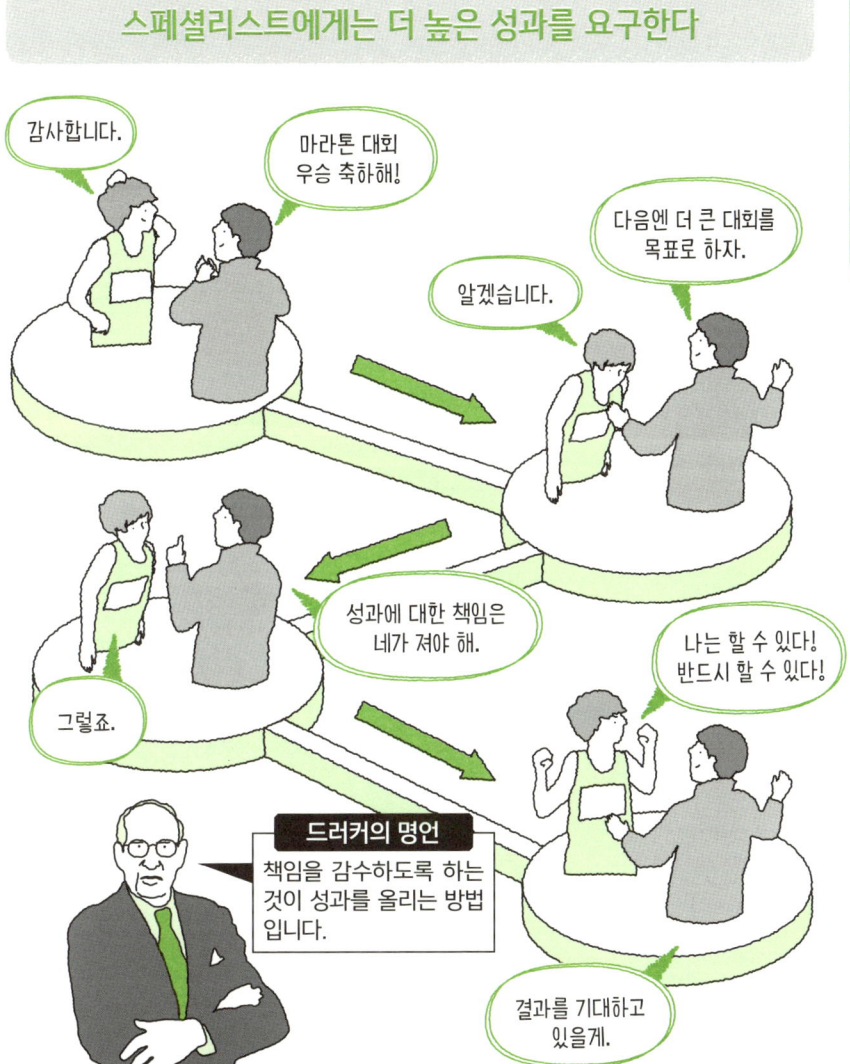

KEY WORD ➡ ✓ 다각도로 의견 검증

## 10 만장일치로 의사결정하지 않는다

드러커는 만장일치 의사결정을 경계했습니다. 왜 그랬을까요?

의사결정은 여러 선택지 중 하나를 결정하는 판단을 말합니다. 대다수 사람은 자신의 의견에 기반하여 그에 유리한 사실만 보려는 경향이 있습니다. 따라서 선택지의 유효성과 우위성을 판단하는 기준을 설정하는 것이 중요합니다. 그러기 위해서는 문제가 발생한 현장을 직접 방문하고 그곳에서 얻은 피드백을 바탕으로 평가 기준을 설정할 필요가 있습니다.

### 만장일치는 위험하다

또한, 결정을 내리기 전에 여러 사람과 충분한 논의를 거듭해야 합니다. 드러커는 만장일치가 아니라, 대립적인 의견을 포함하여 다양한 의견에 관한 다각적 검증이 필요하다고 강조합니다. 오히려 대립하는 의견이 없는 안건을 바로 결정해서는 안 된다고 말합니다. 깊이 연구하고 과제를 자신의 문제로 인식한다면 상충하는 의견이 존재하는 것이 당연합니다. 대립 이면에는 반드시 힌트가 있습니다.

다각적으로 의견을 충분히 주고받는다

대립하는 의견이 있기에 의사결정의 정확도가 더 높아진다.

KEY WORD ➡ ✔ 상사의 성과 지원

# 11 부하 직원 입장에서 상사를 경영해야 한다

부하 직원은 상사의 강점을 강화하고, 약점은 보완해야 합니다. 성과를 내기 위해서는 상사 경영이 필수입니다.

누구나 상사와 충돌이 발생하기도 하고, 합이 잘 맞을 때도 잘 맞지 않을 때도 있습니다. 부하 직원으로서 해야 할 일은 상사를 경영하는 것입니다. 드러커는 상사가 성과를 달성하도록 만드는 핵심은 상사의 강점을 활용하는 것이라고 말합니다. 소극적이거나 약점 개선에만 집중하면 성과가 나오지 않습니다. 그러니 자신의 강점을 찾듯이 상사의 강점과 습관을 찾아내봅시다.

### 상사가 성과를 올리도록 지원한다

드러커는 상사의 강점을 살리는 것이 직원의 책무라고 말했다.

상사의 출세는 부하 직원에게 행운이 됩니다. 회사는 개개인의 강점이 모여 큰 공헌을 완수하는 곳입니다. 상사의 약점을 끌어올려 무난하게 통합하면 대체로 나쁜 결과가 도출될 뿐입니다.

철강왕 앤드루 카네기Andrew Carnegie 1835.11.25~1919.8.11의 묘비에는 '자신보다 우수한 사람을 곁에 모을 줄 알았던 사람이 여기 잠들다'라고 새겨져 있습니다. 성과를 내는 조직을 만들기 위해서는 이 말의 의미를 마음에 새겨야 합니다.

KEY WORD → ☑ 친족 경영진

# 12 가족 기업이 번영을 위해 우선시 해야 할 일

가족 기업은 폐쇄적인 이미지를 가지고 있습니다. 드러커는 소중히 해야 할 것은 '가족'이 아닌 '기업'이라고 말합니다.

가족 기업은 중소기업부터 글로벌 대기업까지 보편적인 기업 경영 방식으로 자리 잡아 왔습니다. 가족 기업의 장점은 소유주와 친족이 경영권을 가지고 주요 직책을 차지하고 있기 때문에 회사를 위한 노력을 아끼지 않는다는 점입니다. 가업 의식이 강하기 때문에, 목표 달성 의욕도 높은 경향이 있습니다. 반면, 친족이 주요 지위를 독차지하는 단점도 있습니다.

### 가족 기업이 번영하려면?

가족 기업이 단점만 있는 것은 아니다. 가업이라는 강한 책임감이 기업을 존속시키는 장점이 되기도 한다.

- 사원에게 업무를 맡길 거야!
- 아버지·사장
- 가족이 아닌 일반 사원보다 더 열심히 일한다!
- 어머니·전무
- 장남·이사
- 회사를 위해서 열심히 하겠습니다!
- 할아버지·고문
- 훌륭해!
- 우리도 힘내자!

적격한 능력이 없음에도 친족이라는 이유만으로 높은 지위에 오르고, 상속으로 인해 주주가 분산되어 통제 불능 상태가 되는 사례도 있습니다. 드러커는 가족 기업을 잘 경영하려면 가족보다 기업을 우선시해야 한다고 말합니다. 친족이라는 이유만으로 고위직에 오를 수 있다면 사업 성과는 부진해지고, 유능한 인재는 퇴사하기 때문입니다.

## '가족'보다 '기업'을 우선한다

## column  No. 02

알려지지 않은 드러커의 인물상 ②

# 사회의 본질을 관찰한 미래학자

'지식의 거인', '20세기의 목격자', '경영의 아버지'라고 불린 드러커. '세상이 이렇게 될 것이다'라고 전망하면, 실제로 그대로 되는 일이 많았기 때문에 '미래학자'로도 불렸습니다.

이렇게 다양한 별칭을 가졌지만, 드러커는 자신을 가리켜 '사회생태학자'라고 정의했습니다. 사실 '사회생태학자'라는 말은 드러커가 만든 말입니다.

생태학이란 생물과 생물을 둘러싼 주변 환경과의 상호작용과 변화를 연구하는 학문입니다. 자연 생태학자들이 동식물을 관찰하듯이 드러커는 인간 사회를 관찰하고, 그 과정에서 일어나는 현상을 전달하는 것이 자신의 역할이라고 생각했습니다.

사실, 드러커는 사회 현상의 본질을 관찰하고 정보화 사회, 저출산·고령화 사회, 환경 문제, 금융 위기, 테러리즘의 부상 등 현대 사회에서 일어나고 있는 현상을 수십 년 전부터 정확하게 지적했습니다.

# 용어해설 KEYWORDS

☑ KEY WORD
## 핵심 활동 분석

현실을 객관적으로 파악하고, 조직의 중심에 두어야 할 주요 경쟁력과 목표를 명확히 파악하는 것을 말한다. 드러커는 핵심 활동을 가능한 단순하게 구성할 필요가 있으며, 조직의 목적을 항상 염두에 두는 것이 중요하다고 강조한다.

☑ KEY WORD
## 7가지 조건

드러커는 조직 평가를 위한 7가지 조건을 제시한다. ①이해하기 쉬움, ②경제적 여부, ③방향의 일관성, ④업무의 명확성, ⑤의사결정의 용이성, ⑥조직 구조의 안정성, ⑦존속성 등이다.

☑ KEY WORD
## 조직을 잘못된 방향으로 이끄는 주요 요인

드러커는 조직이 잘못된 방향으로 이끄는 4가지 요인에 관해 지적한다. '①기능에 근거한 조직 세분화, ②엄격한 계층 관계, ③현장과 관리직 간의 기대치의 격차, ④잘못된 행동임에도 성과 보상' 등이다.

☑ KEY WORD
## 목표 관리

상위 부서의 목표를 기반으로 자신의 목표를 설정한 후, 목표에 따라 행동을 명확히 하고, 달성할 때까지 독립적이고 자율적으로 노력하고 관리한다. 개개인이 목적의식을 가짐으로써 결과적으로는 회사와 부서 전체의 큰 목표 달성을 기대할 수 있다.

☑ KEY WORD
## 공헌 관계

드러커는 조직이 서로 공헌할 수 있는 관계여야 한다는 것, 즉 공헌 관계의 중요성을 강조한다. 자기 부서의 공헌만 생각한다면 큰 성과를 거둘 수 없다. 어느 부서건 타 부서와 회사 전체에 공헌할 방법을 생각해야 한다.

# Chapter 3

PETER DRUCKER
MANAGEMENT
VISUAL NOTES

# 드러커에게 배우는 '리더의 조건'

조직을 이끄는 리더의 존재는 매우 중요합니다. 드러커는 이상적인 리더상에 대해서 관찰과 연구를 거듭하였습니다. 현재 인력 관리 직책을 맡고 있거나, 앞으로 리더가 될 사람은 반드시 알아야 합니다.

KEY WORD ➡ ☑ 해야 할 일을 하는 사람

# 01 진정한 리더십이란 무엇인가?

드러커는 리더의 자질은 선천적으로 가지고 태어나는 것이 아니며, '리더십은 어디까지나 업무이다'라고 말합니다.

리더십은 목적을 위해 집단을 하나로 결속하고 이끄는 능력입니다. 능숙하게 카리스마를 발휘하는 리더도 물론 존재하지만, 선천적 자질이 없다면 리더십을 발휘할 수 없을까요? 더욱더 중요한 것은 해야 할 일을 하는 것입니다. 진정한 리더십은 일상적인 업무에 해야 할 일들을 반영하고, 최종적인 목표로 연결하는 것입니다.

## 리더는 해야 할 일을 하는 사람이다

리더십은 타고난 자질을 요구하지 않는다. 드러커는 해야 할 일을 하는 것을 중요하게 생각했다. 해야 할 일을 일상적인 업무와 통합하고 몰입하는 것이 중요하다.

드러커는 리더의 절대적인 자질은 '진정성'이라고 말합니다. 진정성은 정직하며, 높은 도덕성을 가지고 행동하는 것입니다. 진정성과 더불어 체계적인 '학습'과 '경험'도 필요합니다. 단, 학습과 경험이 부족해도 완전히 제로(0)가 아니라면 다른 요소로 보완할 수 있습니다.

진정성이 절대 조건인 리더십 방정식은 '리더십=진정성×(학습+경험)'이다. '학습+경험'이 제로면 리더십을 발휘할 수 없지만, 제로가 아니면 다른 요소로 보완할 수 있다.

KEY WORD → ☑ 모티베이션

## 02 리더는 구조를 만드는 존재이다

드러커는 정신론이 아니라 보상을 활용한 모티베이션이 중요하다고 말합니다.

모티베이션이 없으면 일을 잘할 수 없습니다. 모티베이션은 자발적이고 적극적으로 일할 수 있도록 자극을 주고 의욕을 북돋는 것입니다. 리더가 정신론을 내세우며 열정을 가지라고 독려한다고 해서 모티베이션이 활성화되는 것이 아닙니다. 직원이 업무를 통해 보람을 느끼도록 '적재적소에 배치'함으로써 모티베이션을 환기하는 구조를 만들어야 합니다. 그것이 리더의 역할입니다.

### 직원에게 동기를 부여하는 4가지 요소

**①적재적소에 배치**
자신이 좋아하고, 공헌할 수 있는 일을 할 때 의욕이 생긴다.

**②수준 높은 업무 분담**
어느 정도 어려운 일에 도전할 때 의욕이 생긴다.

드러커는 그 외에도 모티베이션을 높이는 효과적인 구조를 만들기 위해 '수준 높은 업무 분담', '자기 관리에 필요한 정보 공유', '의사결정 참여' 등의 3가지 방안을 제안합니다. 또 하나, 모티베이션 효과를 증폭시키는 요소로 '일에 대한 책임감'을 들 수 있습니다. 대부분의 사람은 중요한 일을 맡을수록 의욕이 높아지기 때문입니다.

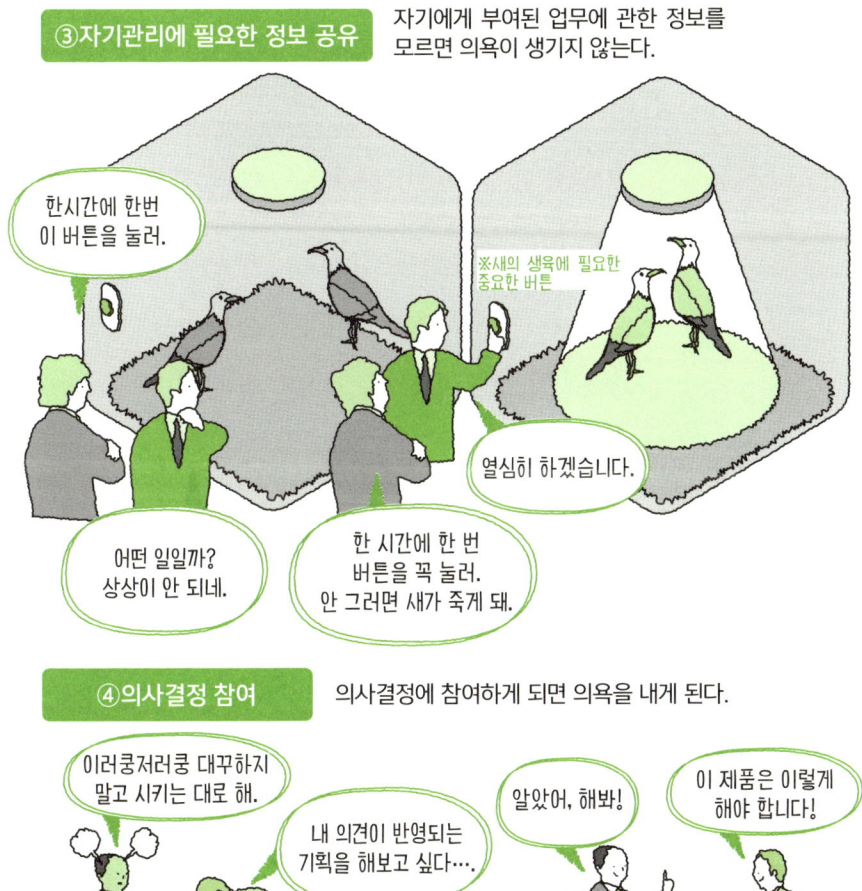

KEY WORD ➡ ✓ 진정성

## 03 진정성은 리더의 필수 덕목이다

드러커는 리더의 자질에는 진정성이 필요하며 이는 매우 기본적인 덕목이라고 말합니다.

앞에서 언급했다시피 드러커는 리더의 절대적인 자질로 진정성을 꼽았습니다. 팀을 구축해야 하는 리더에게 있어서 진정성은 매우 중요한 덕목입니다. 사람을 끌어당기는 매력과 카리스마는 훌륭한 리더의 필수 요소가 아닙니다. 오로지 일에 대한 진정성이 있는가가 중요합니다.

### 진정성이 없는 리더는 조직을 타락시킨다

**드러커의 명언**
리더의 필수 자질은 재능이 아니라 진정성입니다.

드러커는 '진정성이 부족한 사람은 아무리 유능해도, 조직적으로도 리더로서도 자질이 부적격하다'고 말한다.

전에 말씀드렸던 계약일이 내일입니다….

어? 못 들었는데?

계약서를 파기해야겠어….

**약속을 지키지 않는다**

**실패를 감춘다**

76

진정성이 있는 사람은 정직합니다. 자신을 보호하기 위해 거짓말을 하거나 실패를 숨기는 리더는 조직을 망칩니다. 진정성이 있는 사람은 도덕적으로 행동합니다. 부정을 저질러서 결국 조직을 파멸시킬 수 있는 사람은 당연히 나쁜 리더입니다. 또한, 진정성이 있는 사람은 확고한 신념이 있습니다. 말이 자주 바뀌는 사람은 주변 사람의 신뢰를 얻지 못할 뿐만 아니라 좋은 리더가 될 수 없습니다.

KEY WORD → ✓ 4가지 리스크

## 04 리더는 미래를 예측해야 한다

리더는 팀과 사업이 직면할 미래와 발생할 수 있는 위험을 예측하고 대비해야 합니다.

드러커는 미래를 예측하기 어려워도, 가능한 한 미래에 대비해야 한다고 말합니다. 미래를 예측할 때, 비즈니스 환경은 항상 변화한다는 사실을 이해하는 것이 중요합니다. '아직 경제에 영향을 미치지 않은 변화가 무엇인가?'에 대한 답을 찾는 것도 중요합니다. 향후 변화가 일어날 가능성과 시기를 분석해 미래를 대비하는 것입니다.

### 합리적인 사고로 미래를 예측한다

인구 변화처럼 경제 동향에 영향을 주는 움직임에 주목한다. 이를 추세 분석(트렌드 분석)이라고 한다.

비즈니스 환경은 끊임없이 변화한다. 결정을 내릴 때는 최악의 상황에 직면할 경우도 가정한다.

미래는 어떻게 될 것인가.

최악의 상황을 가정하고, 추세 분석을 통해 미래를 예측한다.

경제 현상은 일관된 추세로 움직이므로 그 동향에 주목한다. 다만, 급격한 디플레이션과 인플레이션이 발생할 수도 있다.

미래를 준비하되, 업무상의 리스크도 생각해야 합니다. 모든 일에는 미처 생각지 못한 리스크가 동반되기 마련입니다. 드러커는 4가지 유형으로 리스크를 분류합니다. '감수해야 할 리스크', '감수할 수 있는 리스크', '감수할 수 없는 리스크', '감수하지 않을 경우의 리스크'입니다. 자사가 직면하게 될 리스크가 4가지 유형 중 무엇에 해당할지 예측하고 판단하면, 보다 구체적으로 미래에 대비할 수 있습니다.

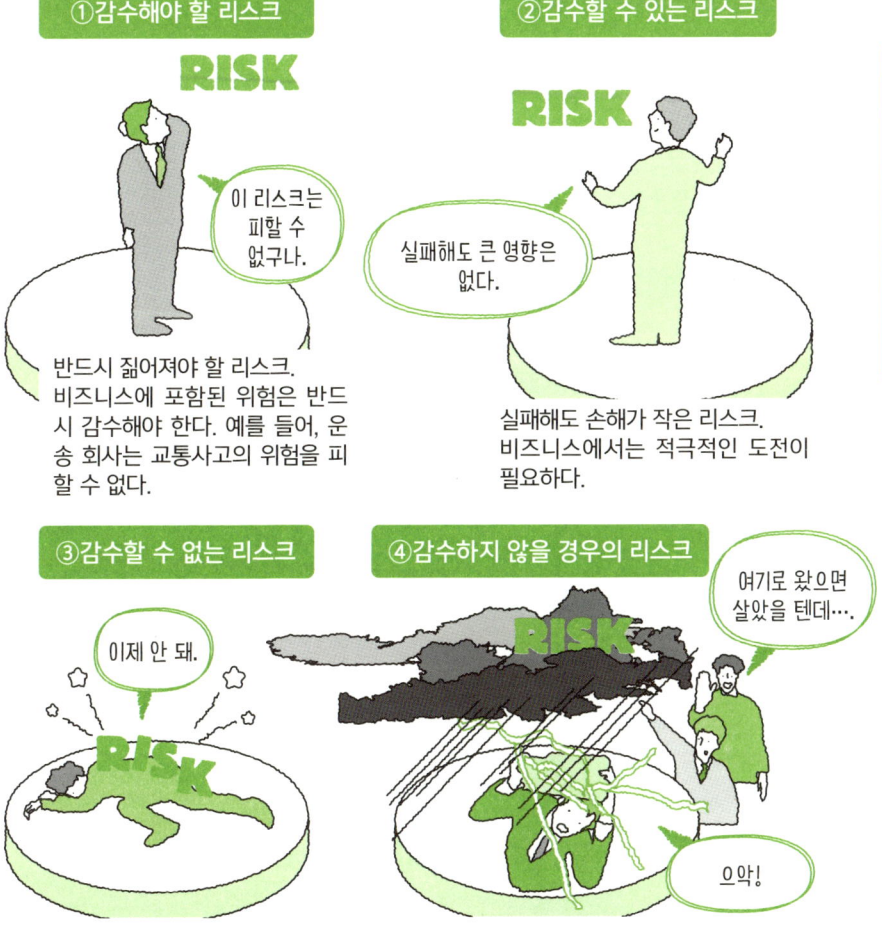

4가지 유형의 리스크가 존재한다

①감수해야 할 리스크
이 리스크는 피할 수 없구나.
반드시 짊어져야 할 리스크. 비즈니스에 포함된 위험은 반드시 감수해야 한다. 예를 들어, 운송 회사는 교통사고의 위험을 피할 수 없다.

②감수할 수 있는 리스크
실패해도 큰 영향은 없다.
실패해도 손해가 작은 리스크. 비즈니스에서는 적극적인 도전이 필요하다.

③감수할 수 없는 리스크
이제 안 돼.
실패하면 손해가 큰 리스크. 무모한 도전이라고 할 수 있다.

④감수하지 않을 경우의 리스크
여기로 왔으면 살았을 텐데….
으악!
리스크에 대한 두려움으로 도전하지 않으면, 시대에 뒤처질 리스크가 있다.

KEY WORD ➡ ✓ 체인지 리더

# 05 리더는 변화를 기회로 삼는다

드러커는 시대의 변화를 기회로 삼는 리더를 가리켜 '체인지 리더'라고 칭했습니다.

변화무쌍한 세상에서 생존하려면, 변화를 기회로 포착할 수 있는 안목이 있어야 합니다. 드러커는 변화를 기회로 삼는 인물을 '체인지 리더'라 칭합니다. 체인지 리더가 되기 위한 4가지 조건이 있습니다.

첫째, 기존 방식을 포기할 수 있습니다.

둘째, 업무와 관련된 모든 영역을 지속해서 개선할 수 있습니다.

### 체인지 리더의 4가지 조건

제품, 서비스, 고객, 유통 등 모든 면에서 검토하고 변경이 필요한 부분에 대해서는 기존 방식에 구애받지 않고, 폐기할 수 있어야 한다. 예를 들어, 자동차 제조사가 몇 년에 한 번씩 신모델 제품을 출시하고, 정기적으로 구모델 제품을 단종시키는 것도 같은 이유이다.

셋째, 항상 성공을 추구합니다. 대다수 조직이 실패를 반복하지 않으려고, 문제점에 집착하지만, 성공 사례를 분석하고 정보를 공유하는 것이 중요합니다.

넷째, 혁신을 가능하게 하는 메커니즘을 만들고, 추진력을 발휘하여 실행에 옮깁니다.

**②업무와 관련된 모든 영역을 지속해서 개선한다**

제품, 서비스, 고객, 유통 등 개선해야 할 부분을 찾아 지속적이고 체계적으로 개선한다.

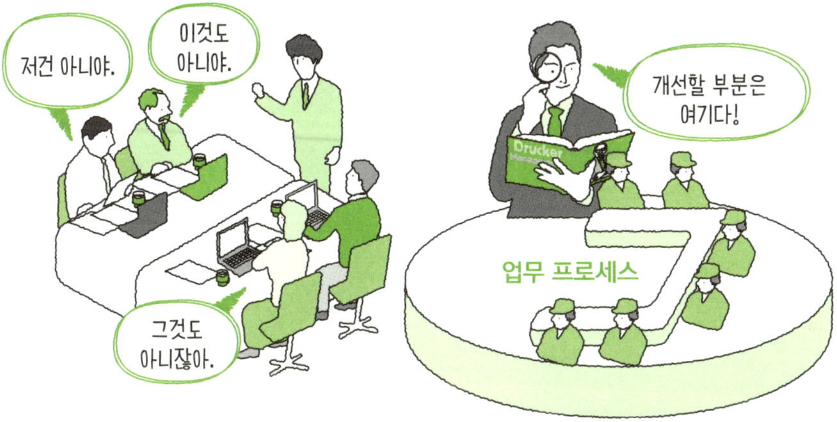


**③항상 성공을 추구한다**

실패 원인과 문제점뿐만 아니라 성공 사례도 분석하고, 혁신으로 이어지는 싹을 틔운다.

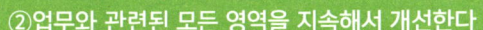

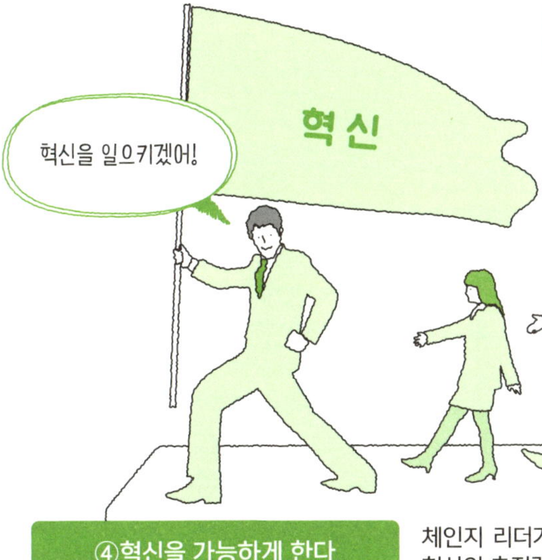


**④혁신을 가능하게 한다**

체인지 리더가 고위직에 오르면, 조직 내에서 혁신의 추진력이 높아진다.

KEY WORD ➡ ✅ 현장 관리자

# 06 현장에 권한을 위임하는 것도 리더의 역할이다

드러커는 현장을 가장 잘 이해하는 현장 관리자에게 권한을 위임하고, 책임을 부여하라고 말합니다.

드러커는 현장에서 성과를 거두기 위해서는 현장 관리자에게 권한을 부여하는 것이 중요하다고 생각했습니다. 현장 관리자는 경영진의 지시에 따르기만 하는 것이 아니라, 자신의 판단에 따라 현장을 움직일 수 있어야만 업무 성과가 향상되기 때문입니다.

## 현장에 권한을 위임하면 생산성이 향상된다

리더의 역할은 단순히 업무를 부여하는 것이 아니다. '일의 목적이 무엇인가'를 되묻고, 현장과 공유하는 것이 리더의 의무이다. 나머지는 현장을 믿고 맡긴다. 다만, '맡기는 것'과 '방임'은 다르므로. 현장 업무가 제대로 진행되는지 관리하는 것도 리더의 몫이다.

현장을 이해하는 관리자가 작업자의 능력에 맞게 적절한 업무를 배정할 수 있다는 것이 현장에 권한을 위임하는 장점 중 하나입니다.

현장에서 작업 절차를 결정할 수 있고, 작업이 목적에 맞는지 여부를 판단할 수 있다는 점도 장점이라고 할 수 있습니다. 현장을 잘 알고 있는 사람에게 권한을 줘야 생산성 향상으로 이어집니다. 기업 리더인 경영자는 현장 리더에게 책임과 권한을 부여하고 맡겨야 합니다.

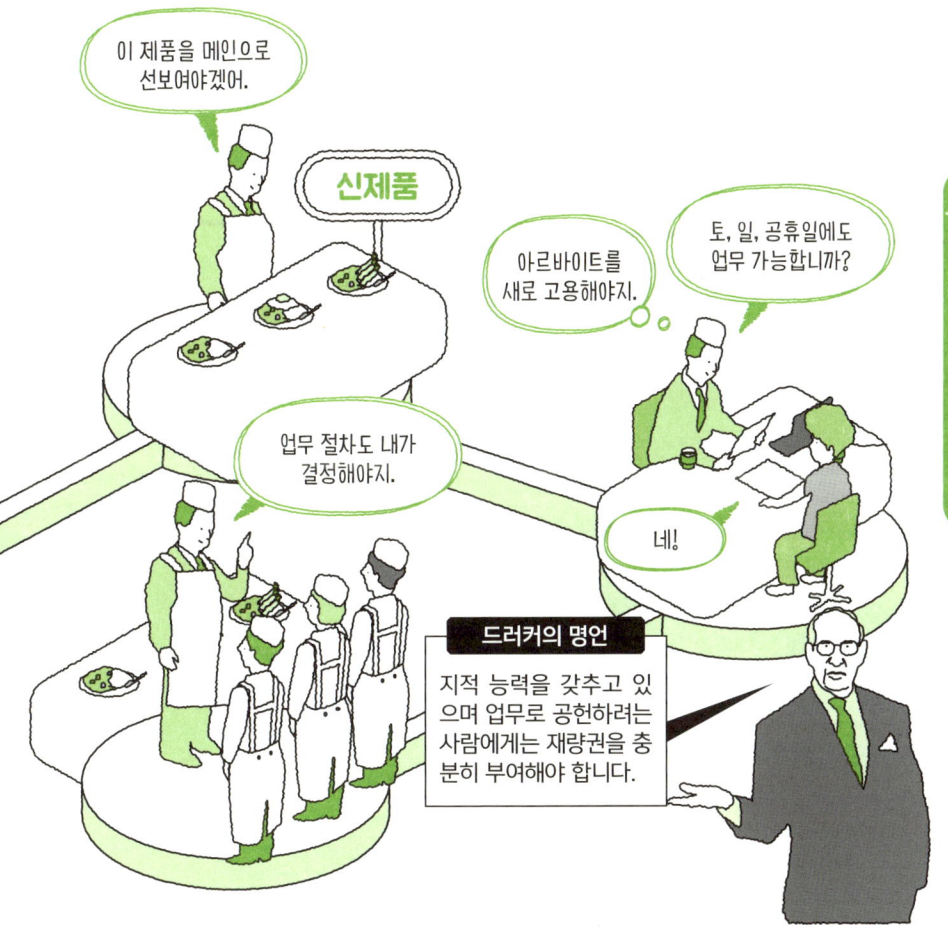

권한을 위임받은 현장 관리자가 다양한 현장 상황에 대해 자의적으로 결정할 수 있어야 생산성이 향상된다. 권한이 부여되지 않으면 손실이 발생할 가능성이 더 크다.

KEY WORD → ☑ 도피 / 대기 / 준비

# 07 리더는 위기에 대비해야 한다

비즈니스는 언제 위기가 닥칠지 모릅니다. 리더는 위기에 대비해야 합니다.

세상은 끊임없이 변동하기 때문에 지금은 인기 있는 제품도 언젠가는 팔리지 않는 날이 옵니다. 이러한 위기에 대처하기 위해 리더가 취할 수 있는 선택은 도망을 생각하는 '도피', 위기가 닥친 후에 대책을 강구하는 '대기', 위기에 대비하는 '준비'가 있습니다. 도피와 대기만으로는 위기에 대응할 수 없지만, 준비는 오히려 실적을 올릴 기회가 됩니다.

## 미래의 위기에 대응할 방법은 '준비'뿐이다

지금은 인기 제품이지만, 어느 시점이 되면 판매가 저조해질 거야.

인기 제품이나 호평받는 서비스도 언젠가는 시대에 뒤떨어진다. 제품과 서비스가 성공하는 동안에 대책을 생각해 둬야 한다. '도피, 대기, 준비'라는 3가지 방법이 있지만, 시대의 변화에 대응할 수 있는 것은 준비뿐이다.

준비는 더 나은 것을 만들거나 새로운 것을 만드는 것입니다. 현재 취급하고 있는 제품을 더욱더 좋게 만들려면 개선이 필요하고, 새롭게 만들려면 혁신이 필요합니다. 드러커는 이 과정에서 과거의 성공 경험에 집착해서는 안 된다고 말합니다. 또한, 새로운 일에 도전할 때는 새로운 팀을 구성하는 것이 좋습니다.

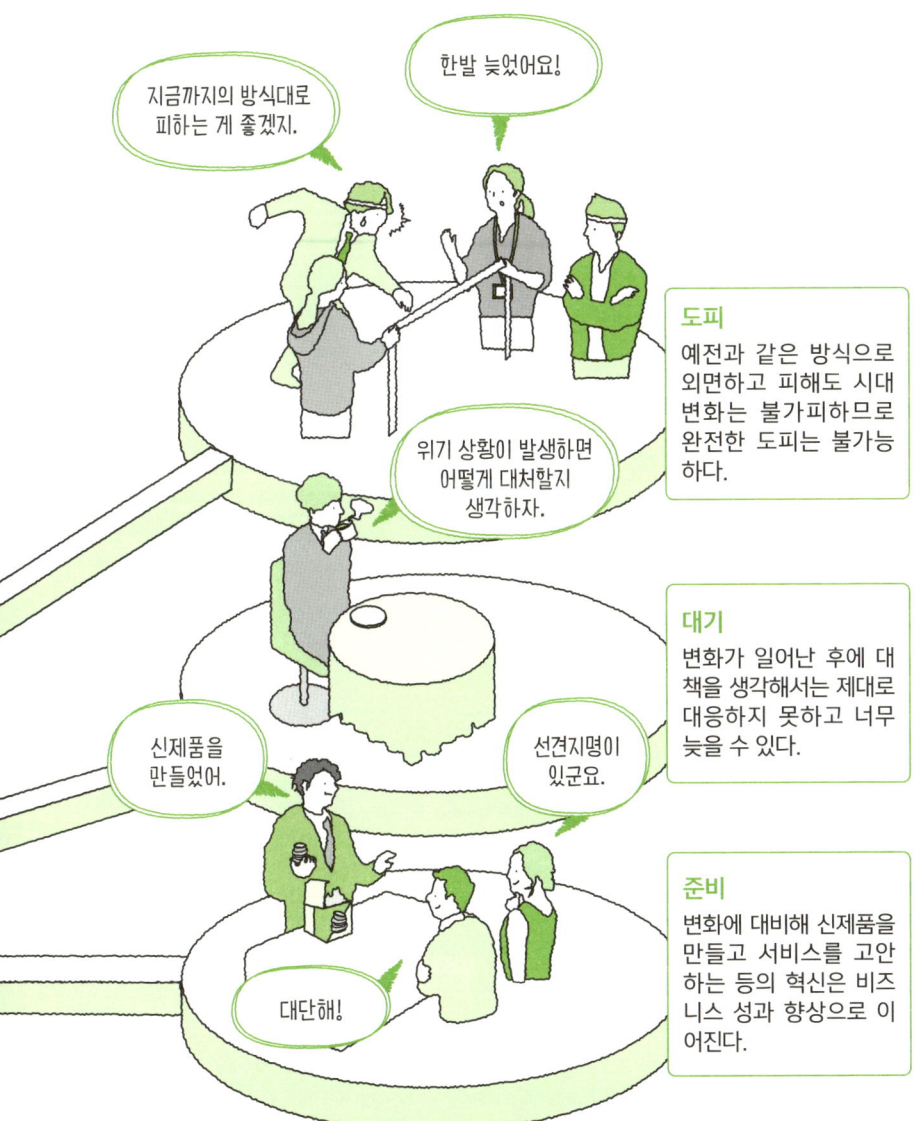

KEY WORD ➡ ☑ 정보 공유

# 08 정보를 공유하는 것도 리더의 의무이다

드러커는 리더가 내린 결정을 직원에게 제대로 전달하는 것이 조직에 중요하다고 말합니다.

A와 B라는 선택지가 있을 때 리더가 A를 선택하면 직원도 함께 따르게 됩니다. 많은 조직이 그렇듯, 리더가 A를 선택한 이유를 직원에게 설명하느냐 그렇지 않으냐에 따라 큰 차이가 생깁니다. 결정을 내린 이유를 직원에게 명확히 설명해야 리더를 신뢰하고 그 판단을 존중하게 될 것입니다. 잠자코 따르라는 태도로는 신뢰를 얻을 수 없습니다.

## 의사결정 이유를 조직 내에서 공유한다

리더가 직원에게 조직 차원의 의사결정 사항과 그 이유를 설명하지 않으면, 직원은 납득하지 못한 채 그 결정에 따라야 한다.

리더가 의사결정 정보를 공유하면, 직원은 리더의 생각을 공감하고 이해할 수 있게 됩니다. 드러커는 '다수의 리더가 자신이 하는 일과 이유에 대해 조직원들도 알고 있으리라 생각하지만, 그렇지 않다'고 말합니다. 조직 내 '정보 공유'는 리더가 직원의 이해를 구하는 필수적인 행동입니다.

KEY WORD ➡ ✅ 커뮤니케이션

# 09 항상 직원의 의견에 귀를 기울인다

드러커는 조직의 모든 사람이 성과를 올릴 수 있는 커뮤니케이션에 관해서도 이야기합니다.

커뮤니케이션은 경영의 기본입니다. 실제로 드러커는 '커뮤니케이션은 경영의 출발점'이라고 말합니다. 탑다운이나 바텀업 방식이 아닌, 상호 이해가 성립하는 고도의 소통을 지향합니다. 드러커는 또한 '커뮤니케이션은 지각, 기대, 요구이며, 정보와는 거리가 멀다'고 말합니다.

지각, 기대, 요구, 정보의 의미를 쉽게 풀어보면, 다음의 4가지 커뮤니케이션 방법으로 정리할 수 있습니다.

### 커뮤니케이션은 리더의 의무이다

상호 이해는 탑다운, 바텀업과 같은 일방적인 커뮤니케이션만으로는 성립되지 않는다.

첫째, 상대방을 이해시킵니다. 둘째, 늘 기대되는 목표를 제안합니다. 셋째, 요구 사항을 전달합니다. 넷째, 정보는 객관적으로 커뮤니케이션은 주관적으로 합니다. 이러한 커뮤니케이션은 상사와 직원이 돈독한 유대감을 맺는 데 중요합니다.

KEY WORD ➡ ☑ 적절한 업무

## 10 업무의 규모를 생각하고 적절히 설계한다

드러커는 리더가 업무를 배정할 때 직원이 기여할 수 있는 일을 할당하는 것이 중요하다고 말합니다.

업무 배정은 리더의 중요한 역할입니다. 리더는 직원의 공헌을 끌어낼 수 있는 적절한 업무를 배정했는지 항상 의식해야 합니다. 업무가 너무 쉬우면 직원이 열의를 가지지 못하고 부족함을 느끼게 됩니다. 도전해 볼 만한 적절한 난이도의 일을 배정해야 합니다. 직원은 업무의 어려움을 극복하는 과정에서 자신감도 생기고 점차 성장해 갑니다.

### 직원을 성장시키는 업무를 배정하는 방법

너무 낮은 기술을 요구하는 업무만 주어지면 직원은 일에 보람을 느끼지 못한다.
큰일을 완수하는 과정에서 자신감을 느끼고 성장할 수 있다.

업무 마감 기한을 제시할 때도 기간을 너무 길게 하지 않습니다. 업무가 장기간 이어지면 성과를 실감하기 어렵고, 자신감과 성장으로 연결되는 성공 경험도 맛볼 수 없습니다. 또한, 직원의 역할에 상사를 보좌하는 업무도 포함되지만, 그렇다고 계속 상사의 서포트만 요구하는 것은 좋지 않습니다. 상사를 보좌하는 업무만 하는 직원은 상사를 만족시키는 역할을 전담하는 사람이 되기 때문입니다.

담당 업무가 장기간 이어지면 좀처럼 성취감을 느끼기 어렵다는 문제가 발생한다. 성공 경험을 얻기 어려우므로 성장으로 이어지기도 어렵다.

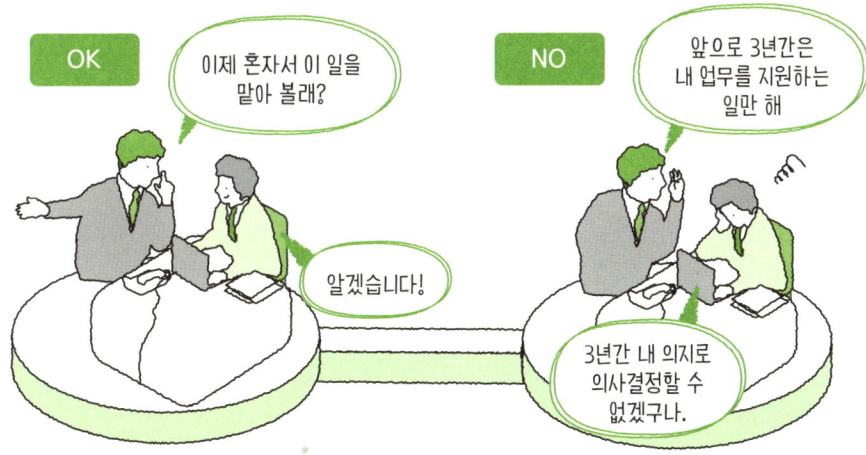

상사 지원 업무만 담당하는 직원은 '상사를 만족시키는 것이 나의 업무 성과이다'라고 생각하게 되고, 스스로 의사결정할 수 없는 사람이 되어 버린다. 결과적으로 조직이 타락할 위험이 있다.

KEY WORD → ☑ 성과 중심

## 11 사람에 대한 호불호가 아닌 업적을 기준으로 평가한다

리더가 직원의 업무를 평가할 때는 호불호의 감정이나 태도가 아닌 성과로 판단하는 것이 중요합니다.

직장에는 다양한 인간관계가 존재합니다. 그중에서 리더가 직원을 제대로 평가하려면 어떤 기준을 적용해야 할까요? 드러커는 조직의 옳고 그름은 성과 중심 판단 여부에 달려있다고 지적했습니다. 성과 중심주의는 단순히 '누가 했는가'가 아니라 '어떤 결과를 얻었는가'로 직무를 평가하는 것입니다.

### 성과 중심주의로 직원을 평가하라

직원의 업무 성과 평가 시, 인간관계에 근거해 과대평가하거나 과소평가해서는 안 된다. 성과 중심의 원칙은 업무 결과를 평가하는 것이다. 평가 기준을 공개하면 평가가 공정해지고 직원들이 업무에 전념할 수 있게 된다.

'호감이 있는 직원의 업무를 성과로 평가한다' 혹은 '반감이 있는 직원의 업무를 성과로 평가하지 않는다'는 당연히 성과 중심주의가 아닙니다.

성과 중심의 리더라면 직원들과 성과에 대한 기준을 공유해야 합니다. 성과의 기준을 분명히 함으로써, 직원을 모티베이션할 수 있습니다.

성과를 올바르게 평가하는 것이 중요하다. 성과에는 매출, 비용 절감 등 수치로 확인할 수 있는 것뿐만 아니라 관리, 지원 등 계량화할 수 없는 것도 포함된다.

KEY WORD ➡ ✓ 인적자원

## 12 직원을 문제, 비용, 적으로 여기지 않는다

직원을 관리하고 성장을 촉진하려면, 직원을 성장하는 자원으로 인지하는 것이 중요하다고 드러커는 말합니다.

드러커는 조직의 성과를 올리려면 직원을 '문제, 비용, 적'이 아니라 인적자원으로 여겨야 한다고 말합니다. 직원을 짐으로 여기거나 자신의 지위를 위협하는 경쟁 상대로 생각할 필요가 없습니다. 리더의 역할은 직원의 능력을 끌어내는 것입니다. 그것이 팀의 성과이자 본인의 성과입니다.

### 사람은 성장하는 자원이다

무럭무럭 자라나라~

성장하겠어.

단비다~

직원은 더 나은 조직을 만드는 대체할 수 없는 존재이다.

조직을 운영하기 위해서는 사람이 필요합니다. 리더는 직원을 적절히 활용해야 합니다. 그러기 위해서는 리더와 직원 각자의 강점을 살리고, 서로를 서포트하는 태도가 중요합니다. 리더는 직원이 자신의 강점을 충분히 발휘할 수 있는 자리에 배치해야 합니다. 만약 성과를 내지 못한다면 배치의 적절성에 관해 재고합니다.

## 성과를 내고 있는지 재고한다

리더는 성과를 위해 직원들을 효율적으로 활용해야 한다. 그러기 위해서는 직원을 적재적소에 배치함으로써 그들이 강점을 최대한 발휘할 수 있도록 지원해야 한다.

*column*

알려지지 않은 드러커의 인물상 ③

03

# 혼란의 시대에 사회와 돈의 관계를 깨닫다

드러커가 젊은 시절을 보낸 20세기 초 유럽은 엄청난 격동의 시대였습니다.

자유롭게 이익을 추구하며 누구나 부를 창출할 수 있다고 주장하는 자본주의와 그러면 빈부 격차가 커질 수밖에 없다고 불만을 제기하는 사회주의가 팽팽하게 맞서고 있었습니다.

이러한 갈등 상황에서 등장한 것이 독일 정치인 히틀러 같은 사람들이 추진한 '전체주의'였습니다. 전체주의는 사회 체제의 이익을 위해서 개인의 생각을 버리고 국가에 복종하는 것입니다. 드러커는 히틀러 전체주의의 위험성을 호소했지만, 당시 히틀러는 경제 위기를 해결할 주역으로 여겨졌기 때문에 받아들여지지 않았습니다.

시대의 흐름을 지켜보던 드러커는 사람은 결국 돈에 의해 움직인다는 사실을 깨닫게 되었습니다. 그리고 사람이 행복해질 수 있는 사회와 돈의 관계에 대해 계속 고민하게 됩니다.

# 용어해설 KEYWORDS

☑ KEY WORD
## 리더십

조직 전체의 인재를 모아 최상의 성과를 달성할 수 있도록 계획하고 이끄는 능력이다. 드러커는 해야 할 일을 일상 업무에 반영하고 궁극적인 목표로 연결하는 사람을 중요하게 여겼다. 또한, 피아노 연습에 비유하여 반복하면 잘하게 된다고 말한다.

☑ KEY WORD
## 모티베이션

'의지', '의욕', '어떤 사람에게 무언가를 하게 만드는 힘과 영향력'이라는 뜻으로, 비즈니스에서는 '동기부여'라는 의미로 자주 사용된다. 모티베이션을 높이는 방법은 '①강점을 살릴 수 있도록 인력을 적재적소에 배치한다, ②수준 높은 업무를 할당한다, ③업무를 평가할 수 있는 명확한 정보를 제시한다, ④경영자 마인드로 업무를 바라본다' 등이다.

☑ KEY WORD
## 진정성

진정성은 '정직하라, 높은 도덕성을 가지고 행동하라, 업무에 성실한 태도로 임하라, 확고한 신념을 가져라'의 덕목을 기반으로 한다. 드러커는 진정성이 없는 사람은 아무리 유능해도 조직적으로도 리더로서도 부적격하다고 말한다.

☑ KEY WORD
## 체인지 리더

구조개혁이 급격하게 이루어지는 변화의 시대에 대응할 수 있는 사람을 말한다. 드러커가 제시한 체인지 리더의 4가지 조건은 '①지금까지의 방식을 버릴 수 있다, ②업무의 모든 측면을 지속해서 개선한다, ③항상 성공을 추구한다, ④혁신을 가능하게 한다'이다.

☑ KEY WORD
## 커뮤니케이션

공통 언어와 공통 이해를 기반으로 한 의사소통을 말한다. 업무 관련 커뮤니케이션의 핵심 전제는 업무 목적, 목표, 진행 상황 등을 공유하는 것이다. 드러커는 커뮤니케이션은 수신자에 의해 성립된다고 말한다.

# Chapter 4

PETER DRUCKER
MANAGEMENT
VISUAL NOTES

# 드러커에게 배우는 '시간 경영'

매일 엄청난 일을 하는데도 시간에 쫓기는 사람이 많습니다. 드러커는 '성과를 내는 사람은 일에서 시작하는 것이 아니라 시간에서 시작한다'는 말과 더불어 성과 달성을 위해 '시간 경영'이 중요하다고 강조합니다. 시간 사용법부터 시간 낭비를 줄이는 법까지 드러커의 다양한 시간 경영 기법을 소개합니다.

KEY WORD ➡ ☑ 희소한 자원

# 01 시간의 성질을 알아야 한다

일은 계획부터 세워야 한다는 일반론에 회의적이었던 드러커는
'계획이나 일보다 시간부터 생각하라'고 말합니다.

사람들은 흔히 시간을 아끼라고 말합니다. 실제로 유능하고 성과를 내는 사람들은 시간을 최우선으로 생각하고 매우 소중히 여깁니다. 우리는 원하는 바를 성취하기 위해 애쓰지만, 주어진 시간은 유한합니다. 자금이나 물적자원처럼 조달할 수도, 대체할 수도 없는 매우 희소한 자원입니다. 그런데도 사람들은 시간이 무한하다고 착각하고 당연시합니다.

## 시간의 성질을 이해하자

**시간은 희소하다**
시간은 희소성이 높은 만큼, 무엇을 하든 최우선으로 생각해야 한다.

**시간은 살 수 없다**
시간은 살 수도, 다른 사람에게 빌릴 수도 없다.

유한한 자원인 시간을 낭비하지 않으려면 시간의 성질을 알아야 합니다. 시간은 축적할 수 없고, 남에게 빌릴 수도 없으며 지나가 버리면 다시는 돌아오지 않습니다. 드러커는 시간은 아무리 수요가 많아도 공급량이 변하지 않기 때문에 항상 부족한 상황에 부딪히게 된다고 말합니다. 이것이 '시간 경영'이 필요한 이유입니다.

KEY WORD ➡ ✅ 시간 사용법

# 02 시간 관리의 3가지 프로세스

드러커는 성과를 올리기 위해 시간을 만드는 3가지 방법을 제시하며 '시간 관리가 중요하다'고 강조합니다.

나름대로 시간 관리를 하고 있어도, 회사에 있다 보면 타인에 의해 시간을 빼앗기고, 나를 위한 시간은 항상 부족하기 마련입니다. 업무를 진행하기 위해서는 많은 시간을 확보해야 합니다. 드러커는 시간 사용 방식을 실시간으로 기록하고 현상을 파악하는 것부터 시작하라고 말합니다.

**시간 사용법을 기록하여 낭비하는 시간을 찾아낸다**

나를 위한 자유 시간이 없다!

남에게 맡겨도 되는 일

자유 시간

하지 않아도 되는 일

충분한 시간을 확보했다!

남에게 맡겨도 되는 일

자유 시간

하지 않아도 되는 일

드러커는 성과를 올리기 위해 '①시간 기록, ②시간 정리, ③시간 통합'이라는 시간 관리 3단계를 제안합니다. 먼저 시간을 기록하고, 필요한 일인지 아닌지를 분류한 후, 통합된 자유 시간을 확보하는 것입니다. 시간 활용법을 터득하면 더 많은 자유 시간을 가지게 되고, 시간이라는 희소한 자원을 낭비 없이 사용할 수 있습니다.

## 시간을 만드는 경영

①시간을 기록한다

- 시간을 어떻게 쓰고 있는가?
- 무엇에 시간을 낭비하고 있는가?

②시간을 정리한다

- 시간 낭비의 원인을 정리한다.
- 지금 해야 하는 일인지 판단한다.
- 필요한 일과 불필요한 일을 분류한다.

③시간을 통합한다

- 유사한 영역의 일은 한 번에 실행한다.
- 일상적으로 반복되는 일을 처리할 시간대를 정한다.
- 통합한 자유 시간에 중요하거나 새로운 일에 집중한다.

**드러커의 명언**

나중에 기억을 되살리며 기록하지 말고 그 즉시 기록합니다.

KEY WORD ➡ ✅ 통합된 시간 확보

## 03 시간 낭비의 원인을 찾아서 해결한다

드러커는 성과를 거두려면 통합된 많은 시간이 필요하므로 먼저 시간 낭비의 원인을 해결하는 것이 중요하다고 말합니다.

회사 조직에 소속되어 있으면 마음대로 통제할 수 없는 시간이 존재합니다. 회의나 협의, 직원 교육이나 지원 등에 배정된 시간을 임의로 줄이기는 어려우며 지위가 올라갈수록 타인을 위해 할애해야 하는 시간은 늘어납니다. 반면, 시간 낭비는 자신의 의지로 해결 할 수 있는 문제입니다.

### 시간 낭비의 근본 원인을 찾는다

**①시스템 결함 및 앞을 내다보는 안목의 결여**

혼란과 문제가 반복되면 업무 태만으로 봐야 한다. 매뉴얼을 제작하고 배포하는 등의 예방 조치를 해야 한다.

**②인력 과잉**

인력 과잉은 낭비 그 자체이다. 역할을 분담하여 인원과 시간을 효율적으로 관리해야 한다.

드러커는 '①시스템 결함 및 앞을 내다보는 안목의 결여로 혼란과 문제가 주기적으로 반복된다', ②인력 과잉, ③조직 구조상의 결함이 과도한 회의를 유발한다, ④정보와 관련된 기능 장애로 정보 전달 구조가 불완전하다'가 시간을 낭비하는 대표적인 원인 4가지라고 지적합니다. 시간 낭비의 원인을 특정하고 제거하면 자유롭게 사용할 수 있는 통합된 시간을 확보할 수 있습니다.

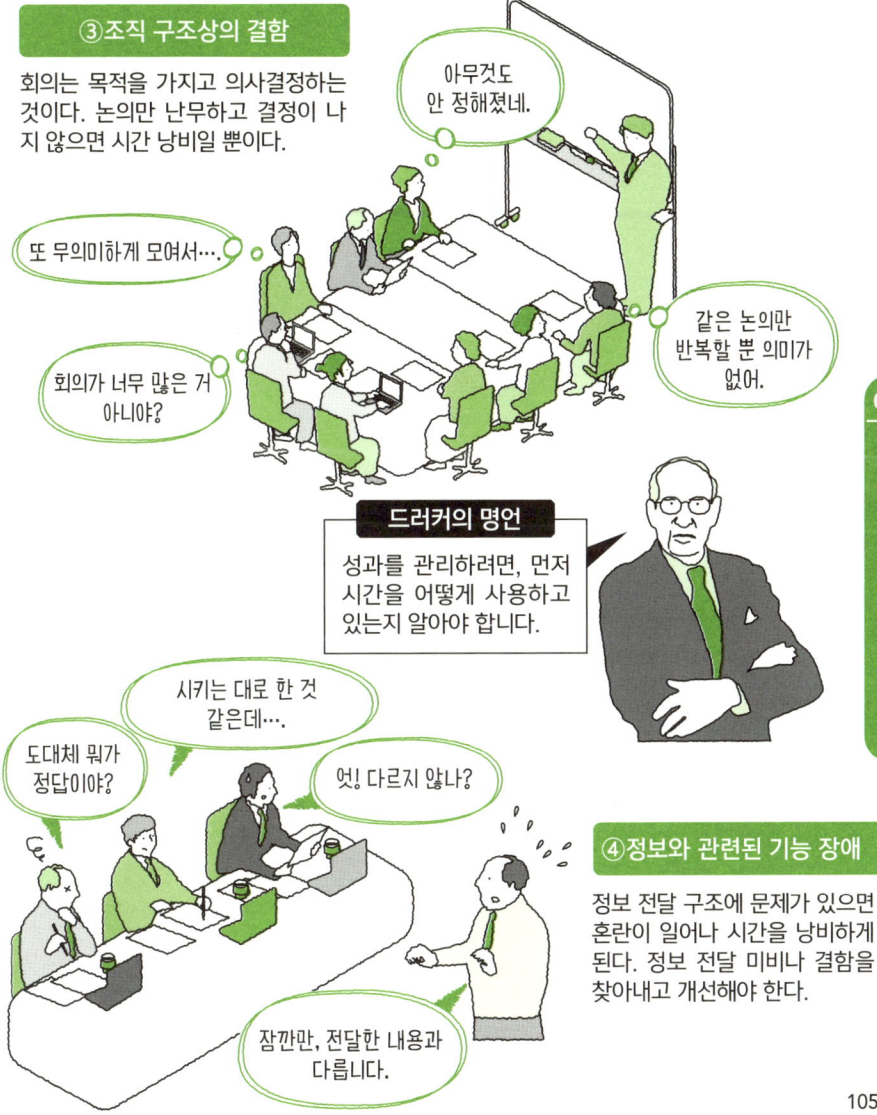

KEY WORD → ✓ 집중

## 04 성과를 내는 사람은 시간과 일을 통합한다

드러커는 성과를 내는 단 하나의 비결은 집중이며, 시간을 통합하는 것이 중요하다고 강조합니다.

처리해야 할 업무량이 많다면, 시간을 통합하고 한 가지 일에 집중하는 것이 매우 중요합니다. 근무 시간 내에 일정 시간이라도 통합된 시간을 만들면 빠르게 일을 처리할 수 있습니다. 메일 회신, 업무 보고 등의 잡무는 퇴근 시간 전에 처리하고, 회의나 협의 등은 특정 요일을 정하는 등 시간을 분류하여 정리합니다.

### 시간과 일을 통합한다

잡무는 퇴근 한 시간 전, 단숨에 해치우자!

회의와 협의는 월요일로 정하자!

**드러커의 명언**
자투리 시간으로는 의미가 없습니다. 통합된 시간을 확보하고 집중하세요!

바쁠수록 '집중하는 방법'에 능숙해야 합니다. 드러커는 '성과를 내는 사람들은 가장 중요한 일부터 시작하며, 한 번에 한 가지 일만 처리한다'고 고찰합니다. 시간과 에너지를 한 가지 일에 집중시키면 짧은 시간 내에 일을 끝낼 수 있지만, 동시에 여러 가지 일을 처리하려고 하면 어느 하나에 문제가 생겼을 때 전체가 멈춰버립니다.

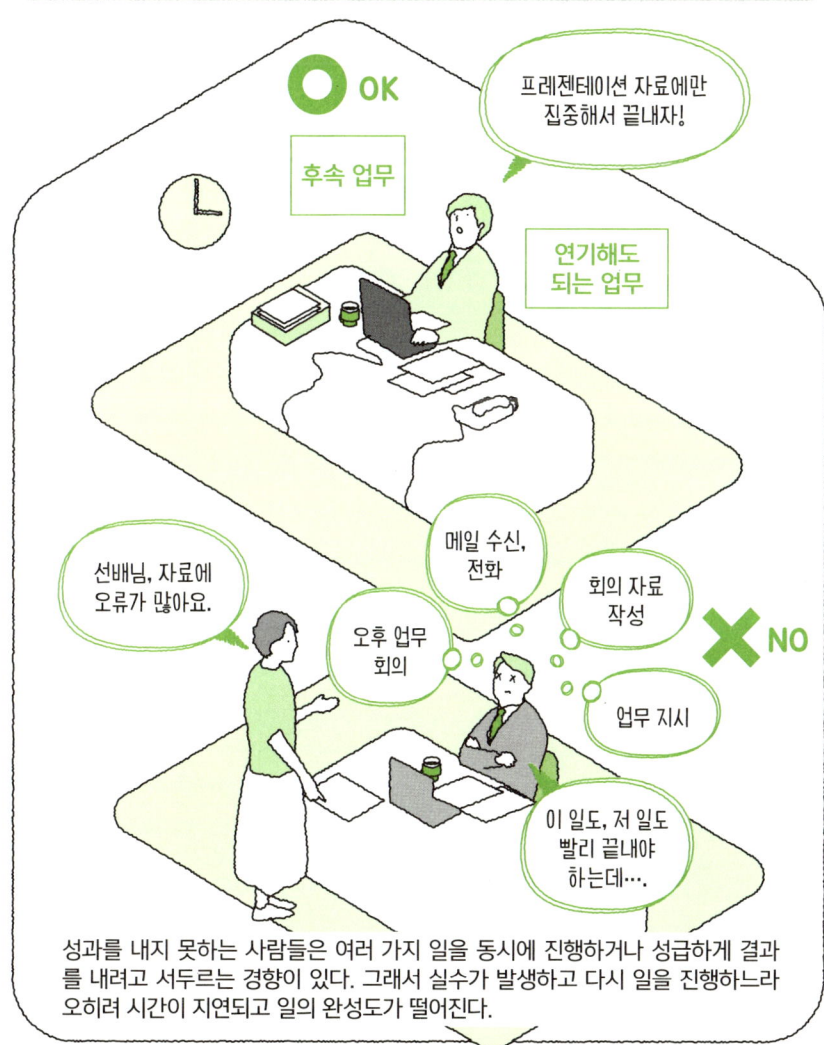

KEY WORD ➡ ✅ 공헌 요구

## 05 목적을 분명히 하여 가치 있는 회의로 만든다

드러커는 유용한 회의를 위해서 '최우선의 목적이 무엇인지' 알아야 한다고 말합니다.

불필요하게 많은 사람이 참여하거나, 결론이 나지 않은 채 시간만 길어지는 회의는 생산성이 전혀 없고 시간만 낭비하는 결과입니다. 드러커는 가치 있는 회의를 위해서 정보 전달과 공유, 의사결정이 중요하다고 말합니다. 그렇게 되면 쓸데없는 자료를 준비하거나, 본질에 접근하지 못하고 겉도는 진행으로 인한 낭비로부터 해방되고 회의를 밀도 있고 생산성 있게 만들 수 있습니다.

### 회의를 잡담 시간으로 만들지 않는다

목적이 명확하지 않은 회의는 한낱 잡담의 장에 불과하다. 또한 결정권이 있는 사장이나 상급 임원만 열변을 토하고 다른 참가자들은 가만히 듣고만 있는 상황도 흔히 발생한다.

목적이 명확한 회의라 해도 아무도 발언하지 않거나, 논의만 활발할 뿐 의견이 통합되지 않으면 시간 낭비와 다름없습니다. 우선 회의 목적에 부합하는 멤버를 엄선하고 참가자 전원에게 '공헌'을 요구해야 합니다. 제안하기, 생산적인 의견 제시하기, 스페셜리스트로서 공헌하기 등 모든 참가자가 조직 전체의 성과 달성을 목표로 토론하는 것이 중요합니다.

회의는 '공헌'에 초점을 맞춘다

회의 목적이 정보 공유인지, 의사결정인지를 명확히 하고 사전에 공지하면, 회의 준비와 사회자의 진행 방식에 낭비가 없다. 참가자 전원에게 공헌을 요구하면 발언의 열의와 질이 달라진다.

KEY WORD ➡ ✓ 열후순위

## 06 성과가 나지 않을 일은 포기한다

드러커는 포기해야 할 일을 가려내는 열후순위가 우선순위 못지 않게 중요하다고 말합니다.

바쁜 상황은 판단력과 창의력을 상실하는 요인이 됩니다. 드러커는 정신적으로나 신체적으로 기진맥진한 상태가 되어 에너지를 회복할 수 없다면 좋은 퍼포먼스를 발휘할 수 없으므로, 일은 우선순위와 열후순위를 정하는 것이 중요하다고 가르칩니다. 사실, 일의 '우선순위'를 결정하기는 비교적 쉽지만, '열후순위'를 결정하기는 상당히 어렵습니다.

### 정말 중요한 건 열후순위를 결정하는 것이다

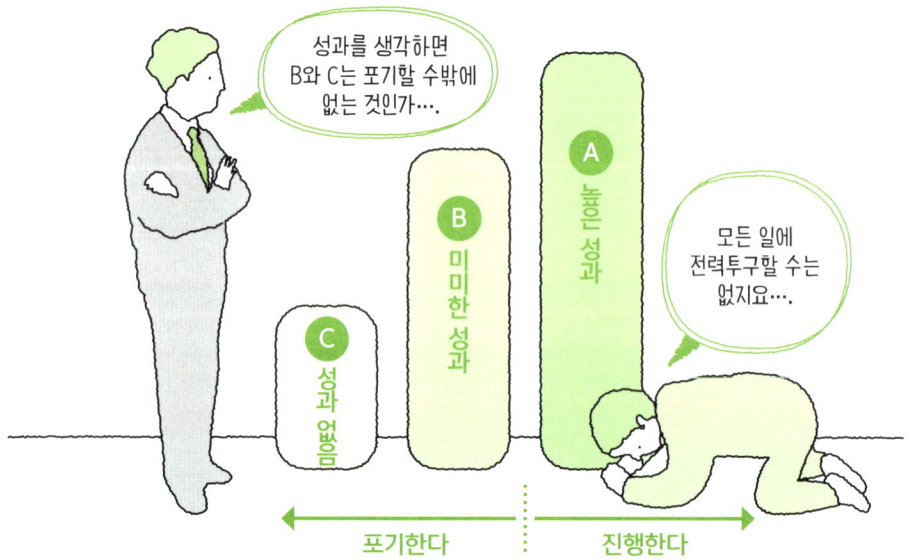

열후순위는 20%의 제품이 매출의 80%를 만들어낸다는 파레토 법칙(80대20의 법칙)을 기본 전제로 한다. 모든 일에 시간과 인력을 할애하기보다 성과가 나오는 일에 우선순위를 두고 그 외의 일은 과감히 포기한다.

열후순위란 몰두해야 할 가치가 거의 없는 일을 포기하는 것입니다. 지금까지 투입해 온 자원을 회수하려면 용기가 필요합니다. 담당 직원들의 불만이 폭주할 수도 있고, 혹여 경쟁사는 성공할지도 모른다는 의구심도 남습니다. 하지만 미래를 위해서 열후순위를 정하고, 기존에 투입해온 자원을 회수하여 우선순위 쪽으로 할당해야 합니다.

## 미래를 위해 열후순위를 결정한다

시대에 뒤떨어진 사업, 문제가 많은 사업, 시장에서 경쟁사와 차별화가 안 되는 사업, 너무 무난해서 새로움이 느껴지지 않는 사업은 과감히 포기해야 한다. 무작정 포기하는 것이 아니라, 미래의 성공을 지향하는 것이 중요하다.

KEY WORD → ✓ 우선순위

## 07 과거가 아닌 미래를 선택한다

순위를 정하는 것은 스트레스가 쌓일 수밖에 없는 작업이지만, 드러커는 '중요한 것은 분석이 아니라 용기'라고 말합니다.

최우선적인 일에 에너지와 시간을 할당하는 '우선순위 결정'은 열후순위 결정보다 상대적으로 쉽습니다. 그러나 우선순위를 정하는 중요한 원칙이 있습니다. 드러커는 '①과거가 아닌 미래를 판단 기준으로 선택한다, ②문제가 아닌 기회에 초점을 맞춘다, ③보편성이 아닌 독자성을 추구한다, ④무난하고 달성하기 쉬운 목표가 아닌 변혁을 타깃으로 삼는다'는 4가지 원칙을 제시합니다.

### 장래성이 풍부하고 기회가 펼쳐져 있는가

새로운 것에 도전하지 않고, 쉽게 달성할 수 있는 것만 선택하면 큰 성과를 낼 수 없습니다. 드러커는 훌륭한 업적을 이루려면 우선순위를 정하는 분석력뿐만 아니라 결정을 내릴 수 있는 용기도 필요하다고 가르칩니다.

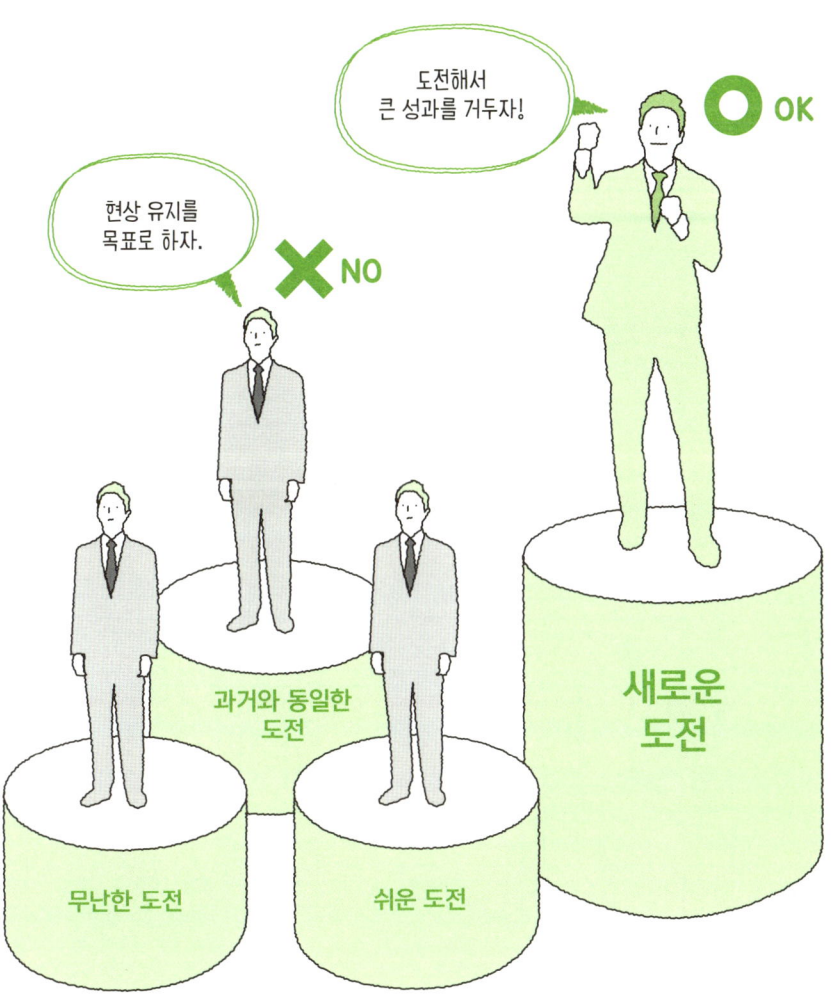

KEY WORD ➡ ✓ 자신만의 자원

## 08 자신의 강점을 위해 시간을 투자한다

드러커는 '성과를 올리는 사람은 자기 자신이 되고자 하는 사람'이라며 자신의 강점을 살리는 것이 중요하다고 강조합니다.

조직에 속해 있으면 자신의 의지대로 일을 진행하기 쉽지 않고, 회사 정책, 직위, 직책, 주어진 재량에 의해 제한을 받습니다. '하고 싶은 일을 하지 못한다'며 한탄한다고 성과와 효율이 높아지는 것은 아닙니다.

성과와 효율을 높이고 싶다면 남보다 우세하고 뛰어난 요소를 활용해야 합니다. 타인을 어설프게 모방해봐야 억지스럽고 버겁기만 할 뿐, 본인에게 효율적이지 못합니다.

### 주어진 범위 내에서 최선을 다한다

말을 잘하든, 분위기 파악이 빠르든 뭐든 좋습니다. 자신의 강점이 무엇인지 생각해 봅시다. 타인의 이목이 쏠리는 존재와 타인의 버팀목이 되어 주는 존재 중 자신은 어떤 유형에 해당하는지 분석해 볼 수도 있습니다. 드러커가 '오직 자신의 강점으로만 성과를 낼 수 있다'고 말했듯이, 강점은 자신만의 자원이므로 강점을 활용하면 성과로 연결하기 쉬워집니다.

## 자신의 강점을 활용하여 생산성을 높인다

## column No. 04

알려지지 않은 드러커의 인물상 ④

# 수많은 유명 인사에게 영향을 주다

드러커는 평생 수많은 저서를 집필했으며, 전 세계 많은 사람에게 영향을 미쳤습니다. 미국과 유럽의 기업 경영자는 말할 것도 없고, 아시아를 대표하는 대기업의 경영자들이 드러커로부터 큰 영향을 받았다고 합니다.

드러커는 제1차 세계대전 이전에 태어났습니다. 드러커가 살았던 시대의 사회적 분위기나 사고방식은 지금과 현저하게 다릅니다. 그러나 그의 사상과 지식은 시대를 넘어 살아 숨 쉬고 있으며 여전히 유용합니다. 최근, 드러커의 지혜에 감명받은 젊은 기업가와 비즈니스 종사자들 사이에서 그의 저서가 널리 읽히고 있습니다.

시대를 넘어 새로운 세대에게도 드러커의 가르침이 유용한 이유는 그가 늘 인간의 본질을 바라보고 인간의 행복을 생각했기 때문입니다.

# Chapter 4 용어해설 KEYWORDS

☑ KEY WORD
## 시간

가장 희소한 자원. 축적할 수 없기에 효율적으로 사용하지 않으면 생산성을 향상할 수 없다. 따라서 드러커는 시간을 관리하고 시간 낭비 원인을 찾아 해결하는 시간 경영이 필요하다고 말한다.

☑ KEY WORD
## 열후순위

고군분투할 필요가 없는 일의 순서. 다만, 애써야 할 가치를 상실한 일을 포기하려면 그에 상응하는 용기가 필요하다. 드러커는 분석보다 결정하고 폐기를 단행하는 것이 더 어렵다고 말한다.

☑ KEY WORD
## 우선순위

수행해야 할 일의 순서. 드러커는 우선순위를 결정할 때, '①과거가 아니라 미래를 선택한다, ②문제가 아닌 기회에 초점을 맞춘다, ③독자성에 집중한다, ④무난한 것보다 변혁을 일으킬 것에 초점을 맞춘다'라는 4가지 원칙이 중요하다고 말한다.

☑ KEY WORD
## 강점

타인이나 타사보다 우수한 것. 드러커는 강점에는 사람·물자·돈을 집중적으로 투입해야 하며, 약점에 대해서는 무시하거나 뒤로 미뤄도 좋다고 말한다. 타인이나 타사가 하기 싫은 일을 하는 것도 강점이다.

# Chapter 5

PETER DRUCKER
MANAGEMENT
VISUAL NOTES

# 드러커에게 배우는
# '자기 경영'

최선을 다해도 원하는 결과에 도달하기는 쉽지 않습니다. 많은 사람이 이러한 이상과 현실 사이의 괴리로 인해 힘들어합니다. 지금보다 더 나은 내가 되어 성공을 거머쥘 수 있다면 얼마나 좋을까요? 드러커는 자기 경영에 대해서 가르칩니다.

KEY WORD ➡ ☑ 이그제큐티브

# 01 성과를 내는 사람들의 5가지 습관

'스스로 의사결정을 하고 높은 성과를 내는 사람들에게는 5가지 습관이 있다'고 드러커는 말합니다.

드러커는 스스로 의사결정하고 행동하는 비즈니스인을 이그제큐티브라고 불렀습니다. 일반적으로 이그제큐티브executive는 기업 중역이나 상위 관리직을 가리킵니다. 하지만 자신의 의사대로 행동한다면 신입이든 부하직원이든 직위에 상관없이 드러커가 정의하는 이그제큐티브가 될 수 있습니다.

드러커가 생각하는 이그제큐티브는 성과를 낸 사람이지만, 성과를 내는 사람들의 5가지 습관을 실천하는 사람도 이그제큐티브입니다.

이그제큐티브라고 하면, 경영 간부나 상급 관리직을 생각하는 경향이 있다. 그러나 드러커가 정의하는 이그제큐티브는 직급이 없거나, 관리직이 아닌 사원도 포함된다. 스스로 의사결정을 하고 책임감 있게 행동하는 사람이라면 누구나 이그제큐티브이다.

다음의 5가지 습관을 꼭 실천해 봅시다.
'①시간을 체계적으로 사용한다, ②주위에서 기대하는 바가 무엇인지 의식한다, ③강점을 살린다, ④중요한 일부터 시작하고 집중한다, ⑤효과적인 의사결정을 한다'

## 성과를 내는 사람들의 5가지 습관

### ①시간을 체계적으로 사용한다

우선, 평소에 시간을 어떻게 사용하고, 무엇에 시간을 빼앗기고 있는지 확인한다. 쓸데없이 시간을 낭비하는 요소를 없애고 체계적으로 스케줄을 관리한다.

### ②주위의 기대가 무엇인지 의식한다

'내가 하고 싶은 것'이 아닌, '주위에 어떻게 공헌할 수 있을까'를 생각해야 한다. 주위에서 기대하는 바가 무엇인지 의식한다.

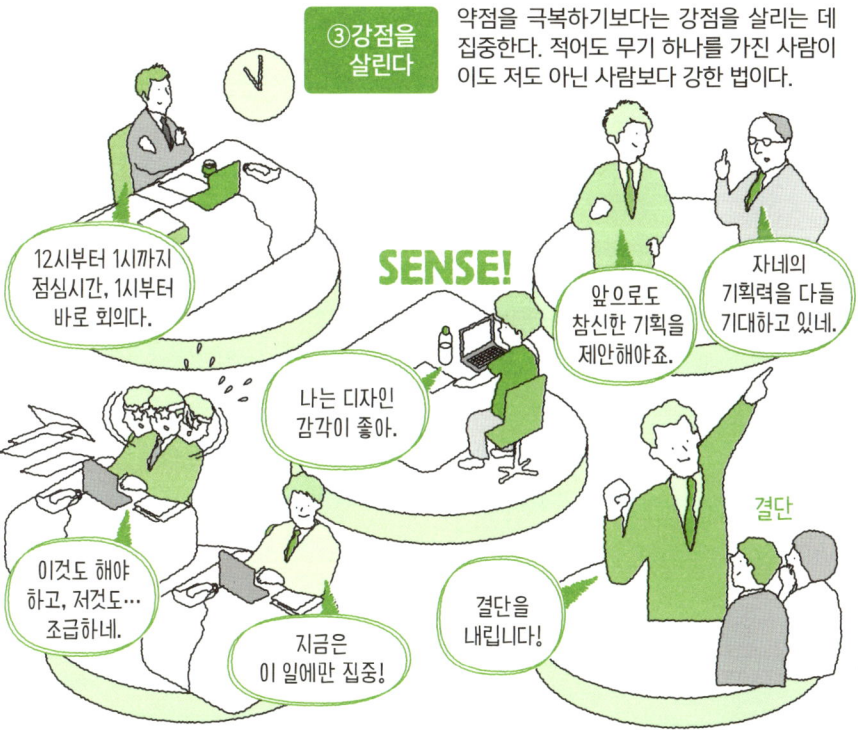

### ④중요한 일부터 우선 집중한다

여러 가지 일을 동시에 병행하는 사람도 있지만, 성과를 내는 사람은 중요한 일부터 착수하고 집중한다.

### ⑤효과적인 의사결정을 시행한다

때로는 조직과 실적에 중대한 영향을 미치는 결정을 해야 한다. 그럴 때는 성과를 올릴 수 있는 의사결정을 한다.(134~135p 참조)

KEY WORD ➡ ✔ 사회에 대한 공헌

## 02 업무의 진정한 가치는 회사 밖에 있다

기업의 진정한 역할은 기업 외부 세상과의 유대 속에서 발휘됩니다.
기업 내부의 업무만 생각하면 진정한 성과를 낼 수 없게 됩니다.

기업 공식 홈페이지에 게재된 기업 이념에는 기업이 추구하는 사회에 대한 사명이 포함되어 있습니다. 또한, 수많은 최고 경영자가 사회에 대한 기업의 역할에 관해 이야기합니다. 회사에 소속되어 일상적으로 업무를 수행하다 보면 잊기도 하지만, 드러커는 '조직의 목적은 사회에 대한 공헌이다' 라고 말합니다.

### 회사 내 업무만 생각하면 시야가 좁아진다

조직에 소속되어 업무를 수행하다 보면, 관심과 의식이 회사 내부로 향하게 되는 경향이 있다.
의식적으로라도 회사 외부 세상으로 눈을 돌리지 않으면 시야가 좁아져 버린다.

드러커는 '조직이 성공하고 규모가 커질수록 이그제큐티브는 사회에 대한 자신의 진정한 역할과 성과에 대해 소홀해지는 경향이 있다'고 지적합니다. 진정한 업무 성과는 회사 외부 세상을 위한 생산입니다. 그런데도 직장인들은 자신의 능력과 관심을 주로 회사 내부 업무에 집중하고, 회사 외부 세상에 대한 일의 가치를 간과하곤 합니다.

## 일의 가치는 회사 밖의 세상에 있다

회사는 사회 속에 속해 있으므로, 회사 외부 세상에 공헌해야 진정한 성과가 나온다고 할 수 있다. 회사 내부가 아닌, 외부를 살펴야 일의 진정한 가치를 알 수 있다.

KEY WORD ➡ ✓ 지식근로자

## 03 자기 자신을 경영한다

드러커는 자신의 강점을 스스로 파악하고 최대한 활용하는 업무 스타일을 구축하는 것이 중요하다고 강조합니다.

드러커가 주창한 '지식근로자'라는 개념이 있습니다. 지식근로자는 자신의 지식으로 기업과 사회에 공헌하는 근로자를 말합니다. 미숙련 육체노동자와 대조되는 의미인 지식근로자는 주체적으로 생각하고 일하며, 스스로 의사결정하고 조직에 공헌하는 존재로서의 이그제큐티브라고 드러커는 말합니다.

### 지식을 사용하여 일하는 지식근로자

지식근로자는 자신의 지식을 활용하여 전례 없는 사례에 대응한다.
연구 개발자, 고도의 전문 기술자, 외과의사, 경영자 등이 해당된다.

지식근로자로 일하려면 자기 생각과 의사가 중요합니다. **자신의 가치를 스스로 판별하고 자기를 경영해야 합니다.** 자신의 업무 수행 방식과 처한 상황을 파악해야 자신의 가치를 높일 수 있습니다. 드러커는 자신의 강점을 어떻게 살리면 좋을지 고민하는 것이 중요하다고 강조합니다.

## 강점을 파악하고 자신을 경영한다

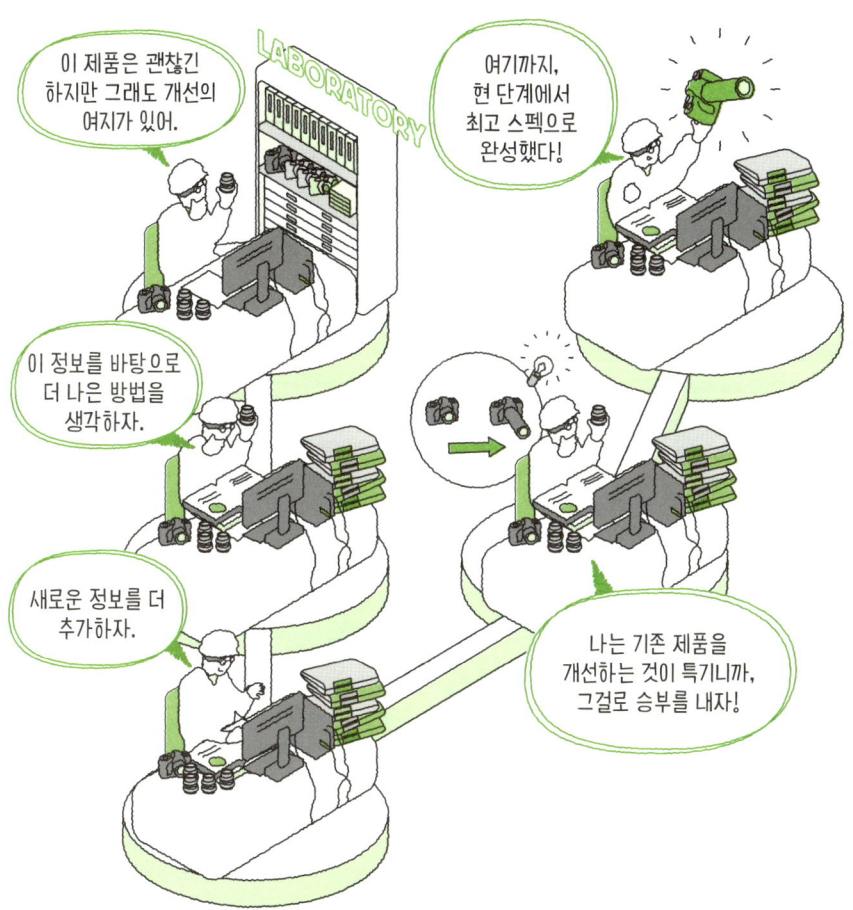

더 나은 성과를 내는 방법 중의 하나는 자기 자신을 경영하는 것이다. 자기 자신을 경영할 때는 자신의 강점을 확실히 파악하고, 그 강점을 활용하는 것이 중요하다.

KEY WORD → ✓ 목표와 달성 분석

## 04 피드백 분석으로 자신의 강점을 찾는다

드러커 본인도 자신의 강점을 찾는 피드백 분석을 꾸준히 실천했습니다.

지금까지 여러 차례 언급한 바와 같이 드러커는 자기 자신의 강점을 활용하는 것이 매우 중요하다고 강조합니다. 그럼에도 '나는 내 강점이 무엇인지 모르겠다'는 사람도 많을 것입니다. 드러커는 자신의 강점을 파악하는 방법으로 피드백 분석을 권합니다. 피드백 분석은 자기 경영의 첫걸음입니다.

### 목표와 결과를 검토하며 자신의 강점을 분석한다

드러커는 자신의 강점을 파악하는 방법으로 피드백 분석을 제안한다.

피드백 분석의 첫 단계는 '언제까지 무엇을 하겠다'와 같은 구체적인 목표를 설정하는 것이다. 세운 목표를 머릿속으로만 간직하지 말고, 반드시 기록해 둔다. 직접 글로 작성하는 과정을 통해 좀 더 구체적으로 목표에 다가갈 수 있게 된다.

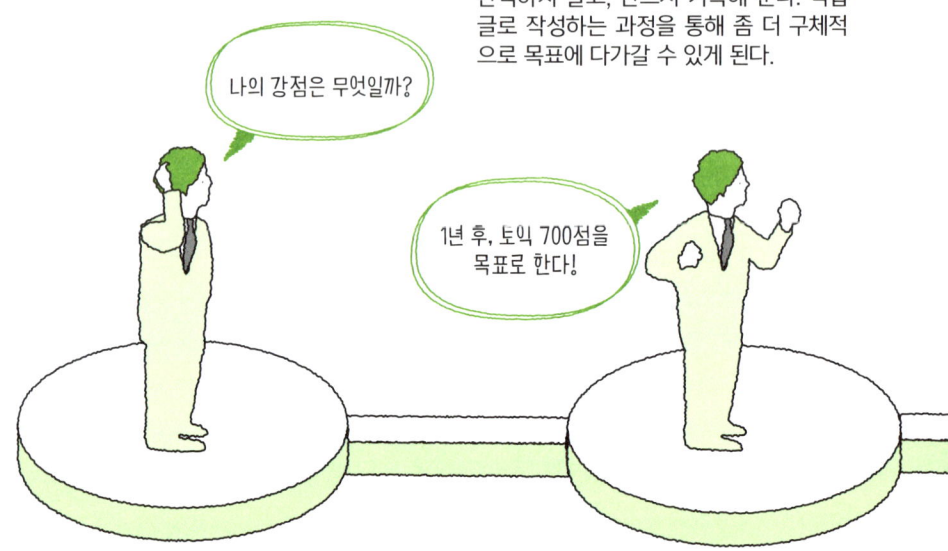

피드백 분석을 위해 먼저 '1년 안에 ○○ 자격증 취득'과 같은 구체적인 목표를 설정하고 반드시 기록으로 남깁니다. 목표로 정한 기한이 되면 목표와 실제 달성 수준을 비교합니다. 무엇을 달성할 수 있었고, 무엇을 달성할 수 없었는지, 그 이유는 무엇인지 등을 분석하는 과정에서 자신도 미처 깨닫지 못했던 강점이 드러나게 됩니다.

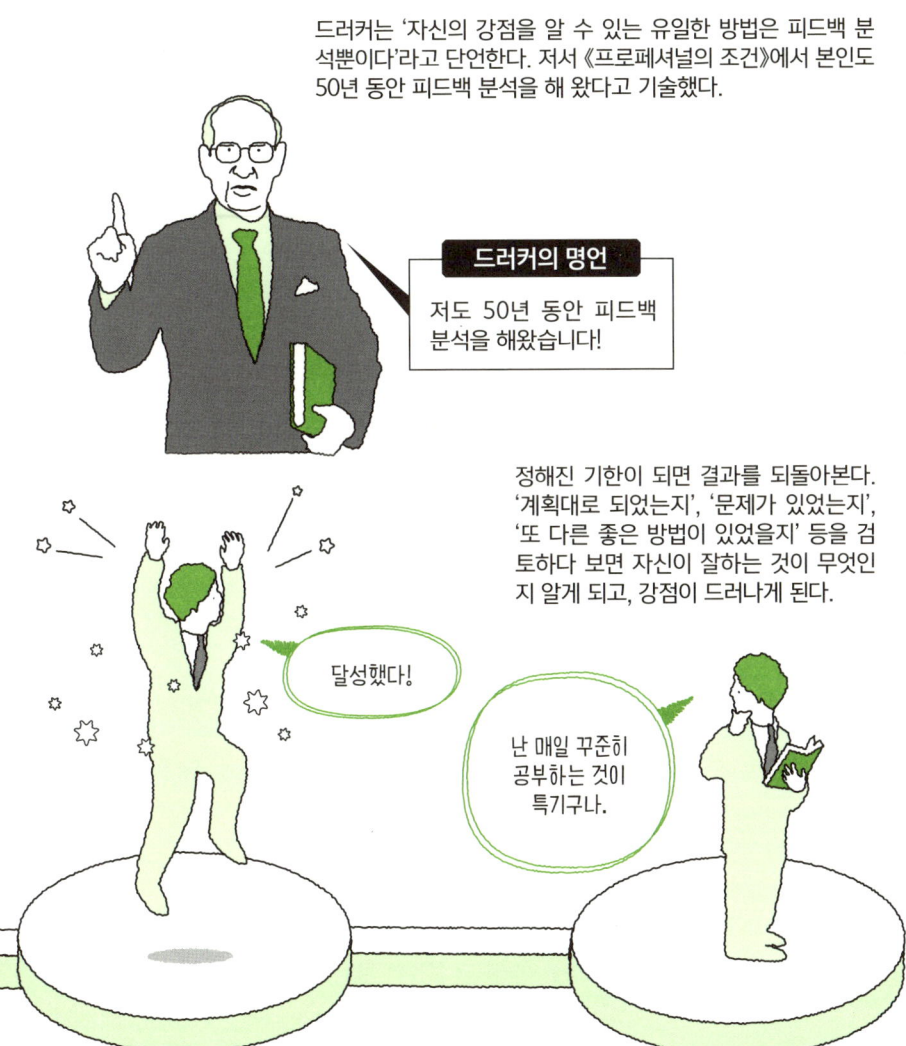

드러커는 '자신의 강점을 알 수 있는 유일한 방법은 피드백 분석뿐이다'라고 단언한다. 저서 《프로페셔널의 조건》에서 본인도 50년 동안 피드백 분석을 해 왔다고 기술했다.

**드러커의 명언**
저도 50년 동안 피드백 분석을 해왔습니다!

정해진 기한이 되면 결과를 되돌아본다. '계획대로 되었는지', '문제가 있었는지', '또 다른 좋은 방법이 있었을지' 등을 검토하다 보면 자신이 잘하는 것이 무엇인지 알게 되고, 강점이 드러나게 된다.

달성했다!

난 매일 꾸준히 공부하는 것이 특기구나.

05 드러커에게 배우는 자기 경영

KEY WORD ➡ ✅ 배우는 조직 / 가르치는 조직

# 05 가르칠 때 가장 많이 배운다

드러커는 '가르칠 때 가장 많이 배운다'고 말합니다. 가르치는 것은 자신의 성장으로 이어진다는 의미입니다.

직장에서 업무 경험을 쌓다 보면, 후배나 부하 직원에게 일하는 방법을 가르칠 기회도 늘어납니다. 다른 사람을 가르치는 것은 사실 본인에게도 큰 이점이 있습니다. 상대에게 지식을 알기 쉽게 전달하고자 자기 내부에 축적된 지식을 재구성하고 배웠던 과정을 재확인하기 때문입니다. 가르치는 시간이 곧 귀중한 배움의 시간입니다.

### 타인을 가르칠 때, 나도 다시 배울 수 있다

다른 사람을 가르칠 때, 자신의 지식과 기술을 재확인할 수 있다. 또한, 특별히 의식하지 않고 수행하던 업무를 말로 설명하는 과정에서 모호한 부분도 확실해진다. 다른 사람을 가르침으로써, 자신이 다시 배우게 된다.

실제로 드러커는 '정보화 시대에서 모든 조직은 학습 조직인 동시에 교육 조직이어야 한다'고 말합니다. 업무를 통해 얻은 지식과 기술을 혼자 보유하기보다 조직 내에서 공유하는 것이 중요합니다. 서로 가르쳐주는 교육 문화를 구축하면 성장하는 조직이 탄생합니다.

## 서로 가르치는 조직을 만드는 것이 중요하다

지식과 기술을 독점하면 회사 전체의 성과가 달성되지 않는다.
조직이 가지고 있는 지식, 기술, 노하우를 서로 가르쳐 주는 환경을 만드는 것이 중요하다.

KEY WORD ➡ ☑ 근로자의 가치관

## 06 자신의 가치관에 자부심을 가진다

드러커는 '근로자의 가치관과 조직의 가치관이 일치하지 않으면 성과가 나지 않는다'고 말합니다.

회사에 입사하여 경력을 쌓아가다 보면 자기 나름의 가치관이 만들어집니다. 드러커는 '조직에서 성과를 내기 위해서는 근로자의 가치관이 조직의 가치관과 일치해야 한다'고 말합니다. 즉, 조직 내에서 출세 가도를 달릴 수 있다 해도, 회사의 가치관이 자신의 가치관과 일치하지 않으면 성과를 달성하기는 어렵습니다.

### 근로자의 가치관과 기업의 가치관의 관계

드러커의 명언: 자신의 가치관과 조직의 가치관을 일치시키십시오.

드러커는 자신의 가치관에 대한 자부심을 가지고 우선시했다. 그리고 '근로자의 가치관과 조직의 가치관에 모순이 있어서는 안 된다'고 강조했다. 직원과 기업의 가치관이 상충되는 사례는 매우 안타까운 일이다.

드러커의 '가치관이 일치해야 한다'는 말은 조직의 가치관과 자신의 가치관이 정확히 같아야 한다는 의미입니다. 자신의 가치관이 조직의 가치관과 다르다면 실질적인 문제가 발생할 수 있습니다. 이직하는 것도 하나의 방법이지만, 먼저 조직 내에 자기 생각을 존중해 주고, 가치관대로 일을 추진할 수 있는 부서가 있는지 찾아봅시다.

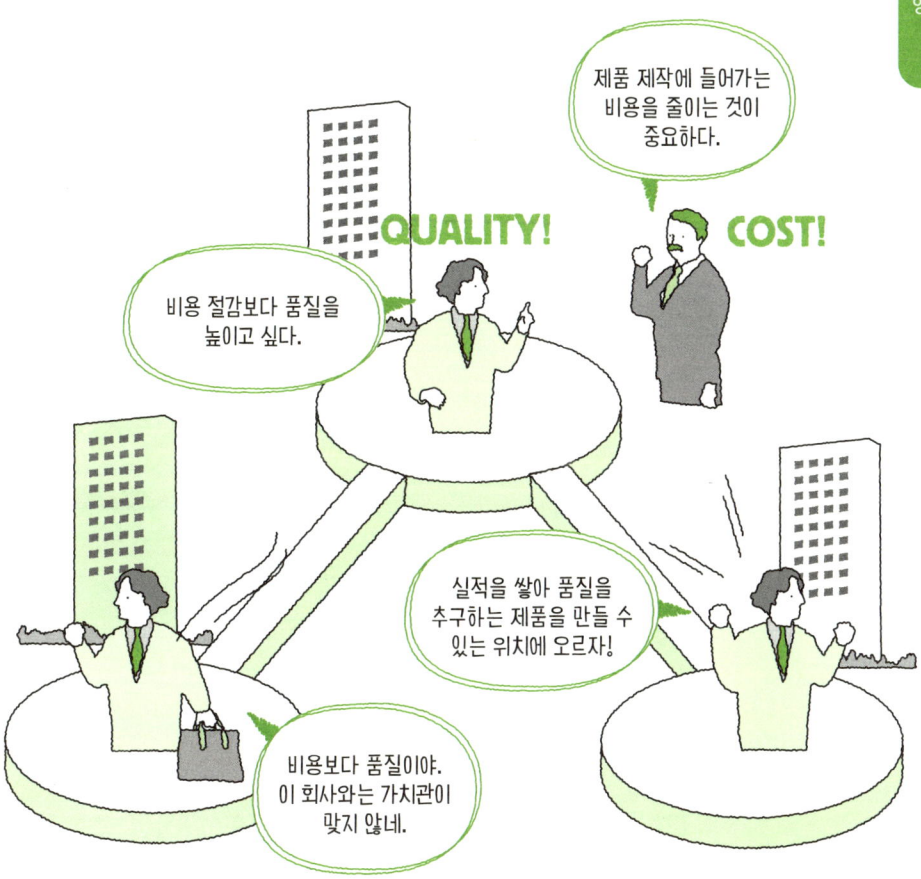

근무하는 회사와 가치관이 다르다면, 다른 회사로 이직하는 것도 방법이지만, 현재 회사에서 자신의 가치관을 살릴 수 있는 부서가 있는지 먼저 찾아본다.

KEY WORD → ☑ 적재적소

## 07 가치관이 맞는 곳에 속해야 진정한 실력 발휘가 가능하다

드러커는 '일로 성과를 내기 위해서는, 가치관이 맞는 곳을 찾아야 한다'고 말합니다.

적재적소라는 말이 있듯이, 자신의 실력을 발휘할 수 있는 곳은 사람마다 다릅니다. '있어야 할 곳을 아는 사람은 출중한 능력을 보여줄 수 있다'는 드러커의 말처럼 자신의 강점을 발휘할 수 있고 가치관이 맞는 곳을 찾아야 합니다. 그런 곳에 소속되어야 진정한 실력을 발휘하고 성과를 만들어낼 수 있습니다.

### 가치관이 맞는 곳은 사람마다 다르다

자신의 강점을 발휘할 수 있는 곳은 사람마다 다르다. 진정한 잠재력을 발휘하기 위해서는 자신과 정말로 가치관이 맞는 곳에 소속되는 것이 중요하다.

하지만 가치관이 맞지 않는다는 이유만으로 바로 퇴사를 결정하는 것은 시기상조일 수 있습니다. 자신과 가치관이 맞는 곳을 회사 밖이 아닌 조직 내에서 찾을 수도 있기 때문입니다. 조직에는 다양한 부서와 역할이 있으며, 포지션을 변경함으로써 가치관이 일치하고 극적인 성과를 낼 수도 있습니다.

**조직 내에 가치관이 맞는 곳이 있을 가능성도 있다**

자신과 가치관이 맞고 진정한 실력을 발휘할 수 있는 곳은 회사 내에 있을 수도 있고, 회사 밖에 있을 수도 있다. 무엇보다 그곳을 찾는 것이 중요하다.

KEY WORD ➡ ☑ 실무 차원의 결정

# 08 성과를 높이는 의사결정 5단계

드러커는 '어떤 일에 대한 결정을 내리는 데에는 이상적인 5가지 프로세스가 있다'고 말합니다.

비즈니스 현장은 날마다 결단의 연속입니다. 자신을 개선하려면 바람직한 결정을 내려야 합니다. 다만 제기된 안건을 '예, 아니요'로 판단하기보다는 실무 차원에서 의사결정을 내려야 합니다. 드러커가 제시한 의사결정 5단계를 알면 더 나은 결정을 내리는 데 도움이 됩니다.

## 5단계로 적절한 의사결정을 한다

원하는 의사결정을 하기 위해서는 5단계 절차를 밟아야 한다.
결정하기 전에 먼저 문제를 명확히 한다.

**단계 ①**
어떤 유형의 문제에 직면해 있는지 확인한다. 누구에게나 어디에서나 발생할 수 있는 일반적인 문제인지, 예외적인 특수한 문제인지 밝혀낸다.

**단계 ②**
필요조건을 밝힌다. 문제 해결을 위해서 최소한 무엇이 충족되어야 하는지를 명확히 한다.

의사결정 5단계는 '①자신이 직면한 문제 유형에 관해 정확히 파악한다, ②문제 해결에 필요한 조건을 확인한다, ③의사결정에 있어 무엇이 옳은지 생각한다, ④결정을 실행에 옮긴다, ⑤의사결정에 실수나 오류가 없었는지 검증한다'입니다. 문제가 발생하면, 1단계로 돌아갑니다.

### 단계 ③

해당 문제에서 '무엇이 옳은가'를 고려한다. 타협을 선택해야 할 상황도 많지만, 무엇이 옳은지를 명확히 하지 않으면 잘못된 방향으로 타협할 위험이 있다. 따라서 무엇이 옳은지 알아야 한다.

### 단계 ④

이전 단계를 거쳐 결정한 바를 실행하는 단계이다. 실행할 사람과, 실행 방법에 대해 신중하게 고려한다. 또한, 결정 사항에 대해 알아야 할 사람들을 주지시킨다.

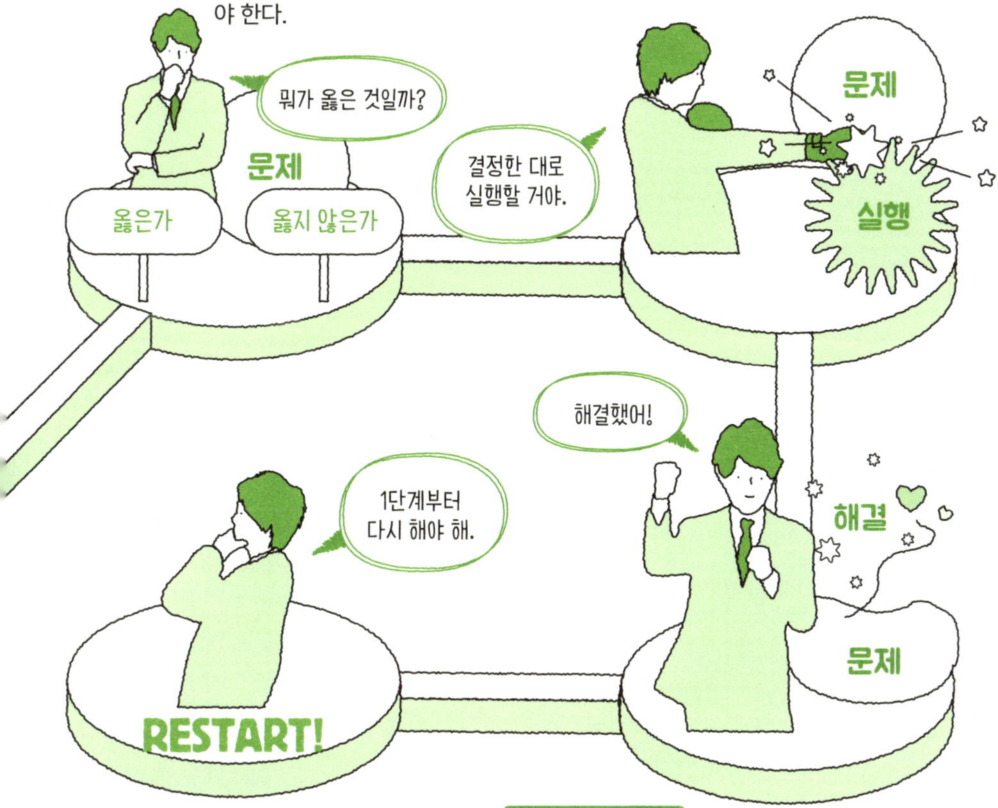

문제가 계속되면 1단계로 돌아가서 수정하고, 1~5단계를 다시 수행한다.

### 단계 ⑤

의사결정만 이어가지 말고 피드백(검증)을 한다. 이전 단계에 대해 검토하고 조치에 오류가 없었는지 확인한다.

KEY WORD → ✓ 제2의 인생과 직업

# 09 나만의 안식처를 만든다

드러커는 '본업 외의 안식처를 만드는 것은 본업에도 큰 도움이 된다'고 말합니다.

'개인적 삶은 덮어두고, 일에만 전념한다'는 태도가 긍정적으로 받아들여지던 시대는 이제 옛날이야기가 되었습니다. 요즘에는 일과 개인적 삶의 균형을 중요시하는 사람이 많습니다. 드러커는 본업 외 영역에서 성취감을 느끼길 추천합니다. 드러커는 '역경의 시기에는 단순히 취미를 넘어 제2의 인생과 제2의 직업이 큰 의미가 있다'고 말합니다.

### 회사 평가가 전부는 아니다

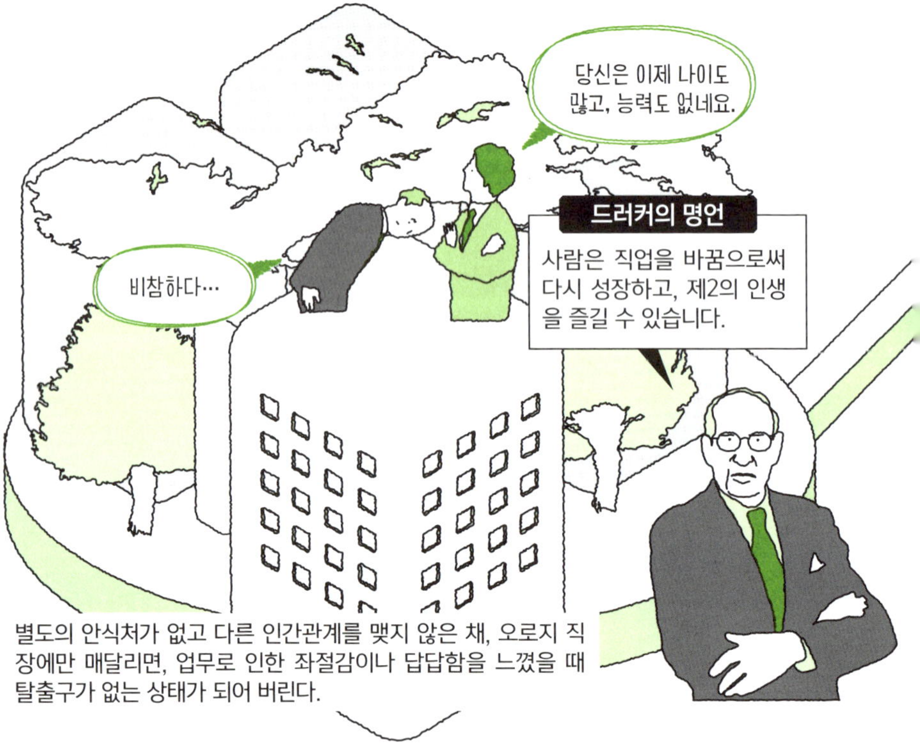

당신은 이제 나이도 많고, 능력도 없네요.

비참하다...

**드러커의 명언**

사람은 직업을 바꿈으로써 다시 성장하고, 제2의 인생을 즐길 수 있습니다.

별도의 안식처가 없고 다른 인간관계를 맺지 않은 채, 오로지 직장에만 매달리면, 업무로 인한 좌절감이나 답답함을 느꼈을 때 탈출구가 없는 상태가 되어 버린다.

본업 외에 제2의 인생과 제2의 직업으로 나만의 안식처를 만들 수 있습니다. 그렇게 하면 마음의 여유가 생기고 시야도 넓어집니다. 본업에 얽매이거나 좌절을 경험하더라도, 본업 외 영역에서 활동하면서 보람과 기쁨을 느낀다면 다시 본업으로 돌아갈 수 있는 자신감도 얻을 수 있습니다.

### 제2의 인생, 제2의 직업이 자신을 구원한다

배움, 취미, 봉사 등 본업 외의 직업으로 인한 '제2의 인생', '제2의 직업'이 있다면, 자신만의 안식처가 늘어난다. 안식처에서 보람과 기쁨을 느끼면 본업에 대한 자신감도 되살아난다.

알려지지 않은 드러커의 인물상 ⑤

# 동양화에 매료되어 평생 수집하다

드러커는 동양화 애호가였습니다. 런던 소재 은행에 재직 중이었던 20대 초반에 동양화를 처음 접하게 되었지요. 비를 피하고자 우연히 들린 갤러리에서 일본화 전시회가 열리고 있었습니다. 이를 계기로 동양화에 빠져든 드러커는 평생 동양화를 수집하게 되었습니다.

드러커가 좋아한 것은 화려한 풍속화가 아닌, 수묵화, 선화, 문인화로 일본을 방문할 때마다 찾았습니다. 대학에서 동양 미술 강좌를 개설해 강의했고 그가 수집한 동양화로 전시회를 열기도 했습니다.

그는 일본 회화와 미학 속에 담긴 일본 문화와 일본인의 특성에 대해 통찰했습니다. 그는 '일본 화가는 공간을 본다. 선을 먼저 보진 않는다. 이것이 일본의 미의식이다'라고 말했습니다. 드러커는 동양화의 미의식이 자신의 경영 철학과 통한다고 느꼈습니다.

# Chapter 5 용어해설 KEYWORDS

☑ KEY WORD
## 이그제큐티브

자신의 업무에 대해 의사결정을 하고 자신의 공헌에 책임을 지는 사람. 기업 임원이나 상위 관리직뿐 아니라 모든 지식근로자를 의미한다. 드러커는 목표, 기준, 공헌에 대한 책임이 있는 모든 지식근로자는 이그제큐티브여야 한다고 말한다.

☑ KEY WORD
## 성과를 내는 사람들의 5가지 습관

드러커는 성과를 내는 사람들의 5가지 습관을 설파했다. '①시간을 체계적으로 사용할 것, ②주위에서 무엇을 기대하고 있는지 의식할 것, ③강점을 활용할 것, ④중요한 일부터 시작하고 집중할 것, ⑤효과적인 의사결정을 할 것' 등이다.

☑ KEY WORD
## 지식근로자

조직의 목적에 부합하고, 다른 사람이 나의 성과를 활용하도록 독려하는 공헌을 실천하는 사람을 말한다. 전문가, 연구원, 직원뿐만 아니라 관리자도 포함된다. 작업량이나 비용이 아닌 공헌도에 의해 평가되는 사람이다.

☑ KEY WORD
## 피드백 분석

객관적으로 자신을 판단하는 효과적인 수단이다. 드러커는 구체적인 목표를 설정하고 실천하다가 마감 기한이 되었을 때, 달성도를 목표와 대조하고 분석하면 자신의 강점과 약점을 명확히 알 수 있다고 설명한다.

# Chapter 6

PETER DRUCKER
MANAGEMENT
VISUAL NOTES

# 드러커에게 배우는 '기업 전략'

> 승패가 걸린 치열한 경쟁을 벌이고 있는 기업을 관찰하면 다양한 전략이 드러납니다. 미래에 성공한 사업가를 목표로 하고 있다면 반드시 알아야 할 내용입니다.

세상에 존재하는 수많은 기업은 이익을 창출하기 위해 어떤 전략을 취하고 있을까요? 드러커는 다양한 기업 전략을 연구하고 체계화한 인물이기도 합니다. 현대 비즈니스 종사자들이 알아야 할 기업의 생존 경쟁 전략을 소개합니다.

KEY WORD ➡ ☑ 최고의 기업가 전략

## 01 업계 정상을 노리는 총력 전략

드러커는 '기업이 시장에 접근하는 4가지 전략이 있다'고 말합니다. 그중 도박성이 가장 높은 것이 총력 전략입니다.

총력 전략은 처음부터 대형 시장의 최상위를 노립니다. 기업이 총력을 기울여 신제품을 개발하고 대대적으로 홍보하여 시장을 석권하겠다는 전략입니다. 성공하면 업계를 대표하는 기업으로 자리매김할 수 있어 보통 '최고의 기업가 전략'으로 통합니다. 하지만 정상을 차지하려는 도전자가 반드시 나타나기 마련이므로 최고의 자리를 유지하기는 쉽지 않습니다.

### 업계 정상을 노린다

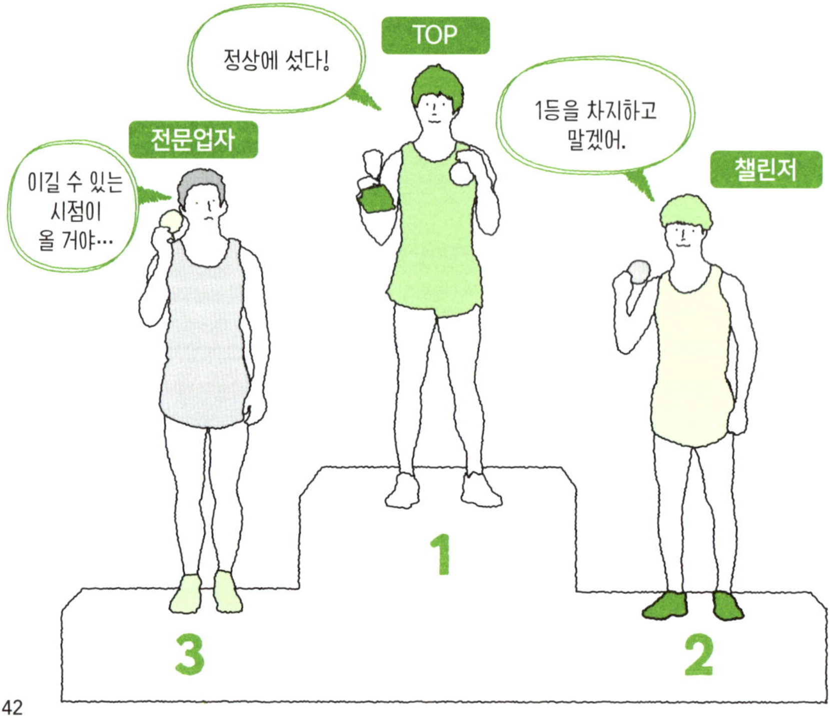

TOP
정상에 섰다!
전문업자
이길 수 있는 시점이 올 거야…
1등을 차지하고 말겠어.
챌린저

1
2
3

'정상을 차지했다'는 성공 경험에 매몰되어 결국 그 자리를 빼앗기는 경우가 많습니다. 업계 1위를 유지하기 위해서는 성공 경험에 집착하지 말고, 시장과 사업에 대해 철저하게 분석하고 사고할 각오와 준비가 항시 되어 있어야 합니다. 모든 프로세스에서 혁신을 거듭하면서 체계적으로 가격을 낮추는 노력을 하지 않으면 업계 선두를 유지하기 매우 어렵습니다.

KEY WORD ➡ ✓ 게릴라 전략

## 02 다른 기업의 성공을 연구하여 일부 모방하는 창조적 모방 전략

드러커는 창조적 모방 전략이 적의 약점을 찌르는 공격과 같다 하여 '게릴라 전략'이라고 불렀습니다.

신제품이 출시된 직후에는 고객의 평가를 받지 못했기 때문에 개선의 여지가 많습니다. 드러커는 신제품의 부족한 부분을 개선하여 오리지널 제품 이상으로 만드는 전략을 '창조적 모방 전략'이라고 칭했습니다.

모방한다는 점에서는 다음 장에서 다룰 유도 전략과 비슷하지만, 창조적 모방 전략은 타사 사업의 성공 요인을 다각도로 연구한 뒤, 경쟁 우위 사업을 창출한다는 점에서 차이가 있습니다.

### 타사 제품은 개선의 보물 창고이다

**NEW RELEASE!**

사장님! A사에서 출시하여 인기를 끌고 있는 신제품입니다!

좋아! 그 이상의 제품을 만들어 보자!

속도가 중요해.

**드러커의 명언**

창조적 모방은 제품이 아닌 시장으로부터, 생산자가 아닌 고객으로부터 시작됩니다.

대다수 연구개발형 기업은 '기술을 보유했지만, 제품화가 어렵다', '제품화는 가능하지만, 판매가 어렵다'는 문제를 안고 있습니다. 창의성은 약하지만, 개선이 강점인 기업, 고객 니즈를 잘 반영하는 기업은 창조적 모방 전략이 적합합니다. 이 전략은 시장 관찰, 정보 검색, 변호사 의뢰 비용과 약간의 창의적 연구만 있으면 큰 노력을 기울이지 않아도 큰 성과를 낼 수 있습니다.

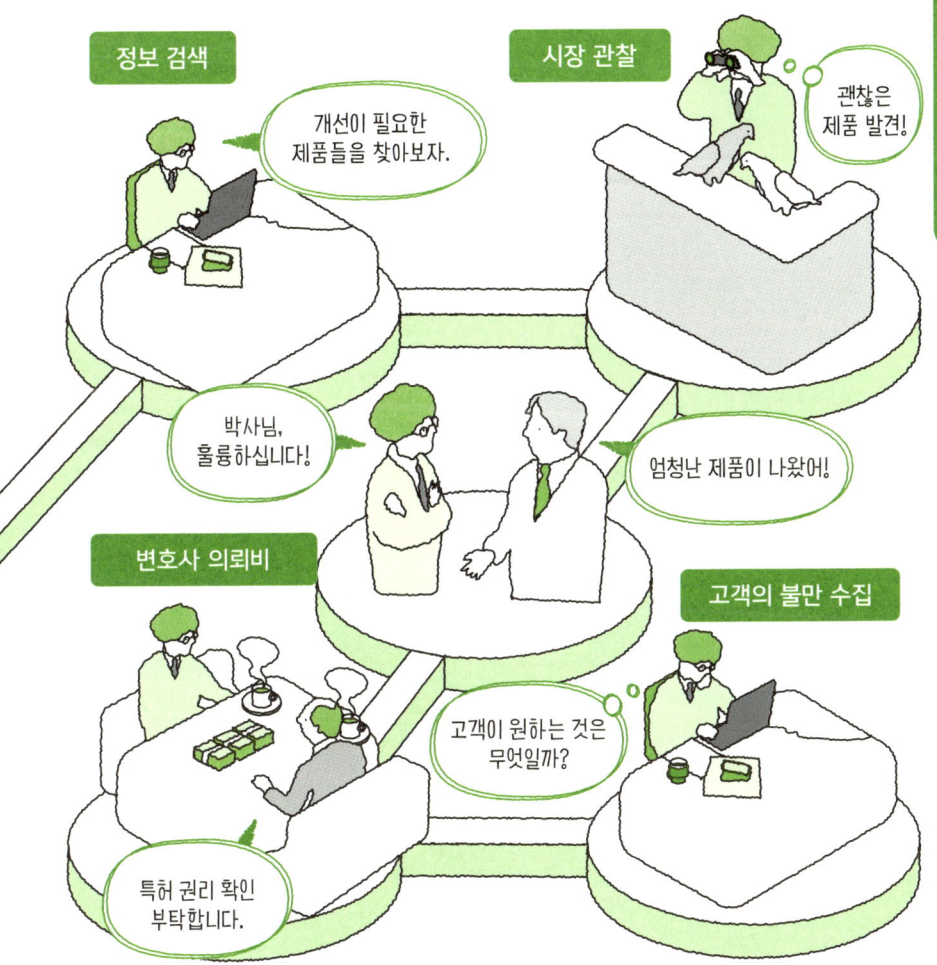

KEY WORD → ✓ 타사의 실패 개량

# 03 타사의 실패를 활용하는 유도 전략

창조적 모방 전략이 다른 기업의 성공을 연구하여 일부 모방한다면, 유도 전략은 다른 기업의 실패를 연구하여 일부 모방합니다.

쿼츠$^{Quartz}$ 시계는 스위스에서 개발되었습니다. 트랜지스터는 미국의 벨 연구소$^{Bell\ Lab.}$에서 개발되었습니다. 하지만 개발된 당시에는 상용화하기에 시기상조라는 이유로 방치되었습니다. 이를 활용하여 성공한 기업이 세이코$^{SEIKO}$와 소니$^{SONY}$입니다. 두 회사는 타사의 능력을 이용하여 세계 시계 산업과 휴대용 라디오 분야에서 최고의 자리에 올랐습니다.

**타사가 실패하거나 방치한 서비스와 제품을 모방한다**

146

복사 산업에서는 제록스$^{Xerox}$가 세계 복사기 시장을 장악하고 있었으며, 고기능·다기능·고가 시장을 목표로 신제품 개발에 전념했습니다. 그러다 보니 상대적으로 저기능·단일기능·저가 복사기 시장이 취약해졌습니다. 그 틈을 파고들어 성공한 기업이 캐논$^{cannon}$입니다.

타사가 앞서 개척한 시장을 거의 무경쟁으로 확보한 유도 전략의 성공 사례로 꼽힙니다.

KEY WORD ➡ ☑ 효율과 효과의 차이

# 04 비경쟁 상황을 만드는 생태학적 틈새 전략

드러커가 말하는 니치 전략은 생태학적 틈새 전략입니다. 동식물이 경쟁을 피할 수 있는 서식지에서 생존한 방식을 따른 전략입니다.

효율을 추구하는 대기업과 달리, 효과를 우선시하는 중소기업은 상대적으로 작은 시장에서 강점을 발휘할 수 있습니다. 효율과 효과는 어떤 차이가 있을까요? 예를 들어, 보통 30개들이 계란 한 판은 6,000~7,000원 정도입니다. 많은 고객이 저렴한 가격에 구매하기를 원하지만, 특정 고객 그룹은 동물복지 유정란, 1등급 영양란 등의 고급 계란을 9,000~10,000원이어도 구매합니다.

## 경쟁을 피해 적소에 서식하는 틈새 전략

틈새 전략은 유칼립투스 잎만 먹는 코알라처럼 경쟁이 없는 곳에서 서식하는 동식물을 따른 전략이다.

다른 기업을 따라 경쟁이 치열한 시장에 뛰어들어도, 시장 점유율을 확보하지 못하면 실패할 수밖에 없습니다. 중소기업이 대기업을 뒤따르면, 확연한 경제적 규모 차이로 인해 승리할 가능성이 희박합니다. 따라서 앞서 예로 든 계란처럼 대기업과의 비경쟁 전략을 취하는 것이 이롭습니다. 이것이 바로 드러커가 말하는 틈새niche 전략입니다. 총력 전략과 반대되는 형태로 중소기업이 취할 수 있는 최적의 전략입니다.

## 효율보다 효과를 추구한다

효율보다 효과를 추구하는 것이 틈새 전략의 중요한 포인트이다.

KEY WORD ➡ ☑ 시장 통찰력

## 05 타깃 시장의 노하우를 무기로 삼는 전문 시장 전략

드러커는 전문 지식을 파는 전문 시장 전략은 사업 영역을 결정하는 것이 중요하다고 말합니다.

'전문 시장 전략'은 틈새 전략 중 하나입니다. 타깃 시장에 정통한 전문가가 되어 특정 시장에 대한 노하우를 무기 삼는 것이 특징입니다. 특정한 '무엇'에 대해 아는 것이 아니라, 그 시장 전체를 꿰뚫고 있는 것이 중요합니다. 시장 통찰력을 갖춘 전문가로서 고객사에 일반적인 정보가 아닌 특별한 컨설팅을 제공할 수 있는 것이 장점입니다.

### 타깃 시장의 전문가가 된다

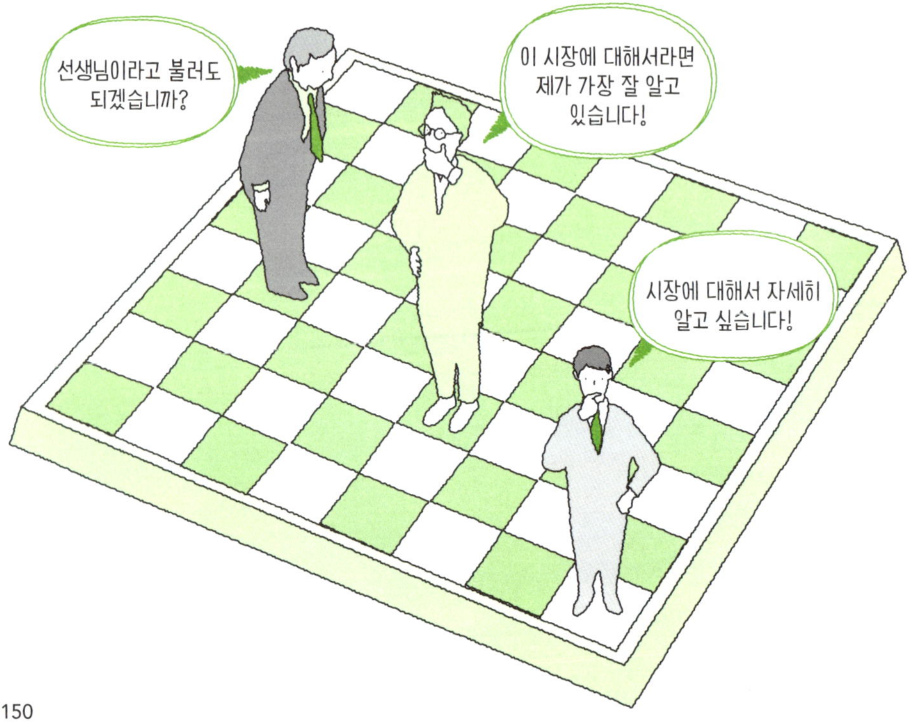

또한, 전문가로서 특정 시장에 변화가 생겼을 때 '대응하기 위해 무엇이 필요한지'를 분석하고 검토하여 필요한 서비스나 제품, 시스템 등을 제안할 수 있습니다. 여기서 중요한 것은 전문 시장 영역을 선택해야 합니다. 경험과 체계적인 학습을 통해 지식을 습득할 수는 있지만, 타깃 시장(=사업 영역)을 결정하지 않으면 학습 대상이 점점 확대되기 때문입니다.

## 사업 영역을 결정한다

전문 시장 전략에서는 좁고 깊은 지식이 요구된다

KEY WORD ➡ ☑ 효용 가치

## 06 고객의 가치를 기반으로 가치 창조 전략

드러커는 고객 가치에 기반한 판매도 중요한 전략 중 하나라고 설명합니다.

'가치 창조 전략'이란 물건을 판매하는 것이 아니라 물건 구매로 얻는 효용 가치를 제품으로 판매하는 것입니다. 즉, 물리적인 제품을 고객 관점에서 새롭게 정의합니다. 예를 들어, 도매업을 '소매업체의 구매 대행'이라고 정의하면, 매출 총이익의 20% 이상 받기 어렵습니다. 그런데 '팔리는 제품 기획 및 제안'이라고 정의하면 더 높은 가격으로 판매할 수 있습니다.

### 가치를 제안하는 기업

제품의 효용 가치를 제안할 수 있다면, 수익률을 높일 수 있다.

구체적인 예로, 조미료로서의 식초는 몇천 원에 판매되지만, '건강에 좋은 식초'는 만 원 이상이어도 잘 팔립니다. 원자재는 크게 다르지 않은데, 가격은 왜 차이가 날까요? 가치가 '조미료'에서 '건강식품'으로 바뀌었기 때문입니다. '식초'가 아니라 '건강'을 팔기 때문에 효과를 경험한 고객들의 호응으로 이어지면서 입소문을 타고 제품이 알려지게 됩니다.

## 고객의 가치에 부응하는 판매 방법

KEY WORD ➡ ✓ 서비스 혁신

## 07 가격의 의미를 바꾸는 가격 전략

생산자가 궁극적으로 얻는 가격을 변경하지 않으면서 고객의 부담을 줄여주는 것이 드러커가 주장하는 가격 전략입니다.

드러커는 가격 전략을 설명할 때, 복사 서비스를 예로 들었습니다. 요즘에는 모든 사무실에 복사기가 비치된 것이 당연하지만, 그걸 당연하게 만든 기업이 복사기 제조사인 제록스입니다. 제록스는 복사기를 대중화하기 위해 복사기 자체를 판매하는 방식을 취하지 않고, '복사하다'라는 서비스에 주목했습니다.

### 가격의 의미를 바꾼 복사기

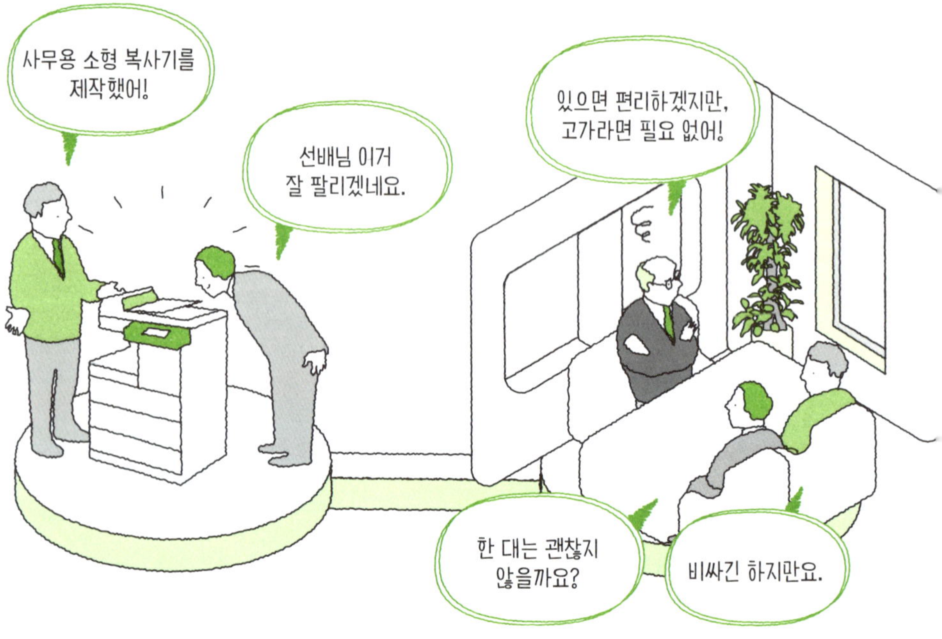

- 사무용 소형 복사기를 제작했어!
- 선배님 이거 잘 팔리겠네요.
- 있으면 편리하겠지만, 고가라면 필요 없어!
- 한 대는 괜찮지 않을까요?
- 비싸긴 하지만요.

복사기 자체는 매우 고가이지만, 복사라는 서비스를 판매한다면 저렴한 가격을 책정할 수 있습니다. 제록스는 한 장당 5센트에 복사 서비스를 판매하는 것으로 복사기를 사무실에 보급했습니다. 즉, 물건에서 서비스로의 혁신을 일으켰습니다. 1장에 5센트면 잡비로 처리할 수 있다는 점이 포인트였습니다.

KEY WORD ➡ ✅ 고객 맞춤화

## 08 고객의 사정을 고려한 효용 창조 전략

고객의 제품 구매 상황을 이해하는 것이 중요하다고 생각한 드러커는 '고객의 목적 달성에 필요한 효용 제공을 최우선으로 하라'고 말합니다.

드러커는 고객의 '곤란함'을 해결하는 제품과 서비스를 제공하는 전략을 '효용 창조 전략'이라고 말합니다. 예를 들어, '연구개발용 나사는 한 개만 필요하다. 100개가 들어간 제품의 단가가 싸지만, 99개는 쓸데가 없다'는 고객의 고민에 '한 개도 판매합니다'라고 답하는 것입니다. 99개가 낭비라면, 단품 가격이 다소 비싸도 괜찮다는 것이 고객의 사정입니다.

### 고객의 곤란한 문제를 파악한다

한 개만 사셔도 괜찮아요!

다소 비싸도 괜찮으니까 한 개만 사고 싶어.

100개 10,000원
1개 1,000원

나사 판매점

일본의 한 금형 제조 업체는 24시간 주문을 받습니다. 요금은 납기일에 따라 다르며 특급·초특급 배송 시스템을 구축하고 있습니다. 최대한 빨리 받길 원하는 고객의 상황에 부응하기 위함입니다. 이는 가격 경쟁에서는 이길 수 없는 중국 제품에 대한 대응 전략이기도 합니다.

효용 창조 전략은 효율보다 효과를 우선시하고, 고객의 상황(=사정)에 100% 맞춤화하는 것이 중요합니다.

## 다른 기업이 할 수 없는 것이 기회가 된다

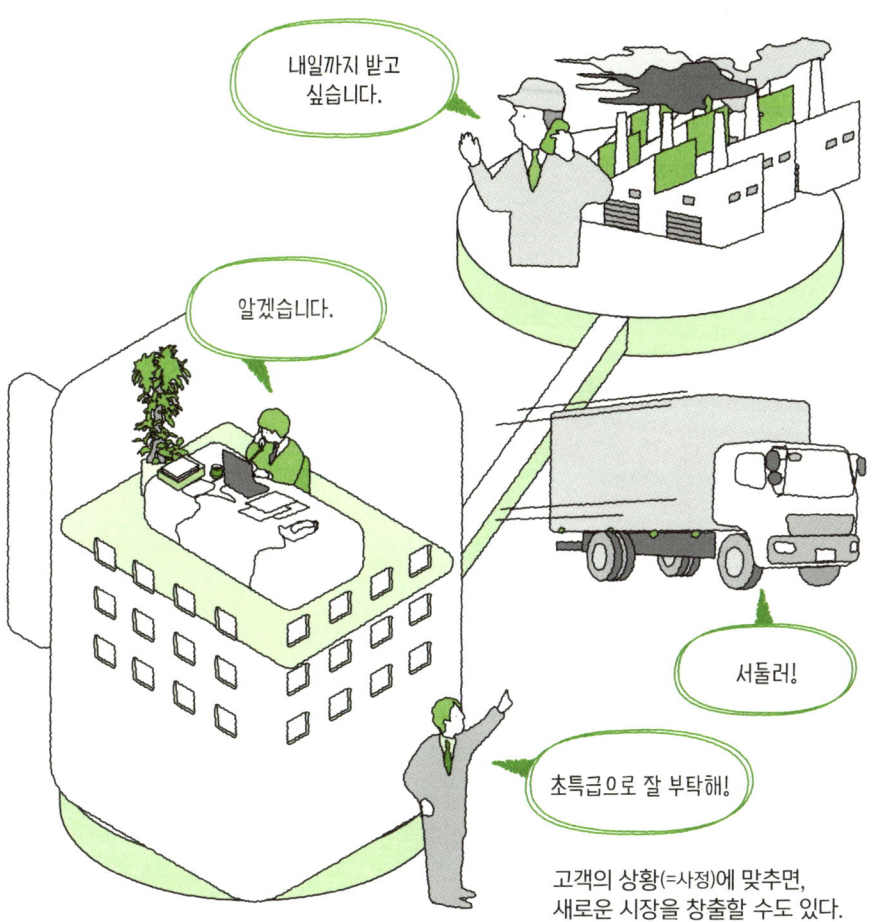

고객의 상황(=사정)에 맞추면, 새로운 시장을 창출할 수도 있다.

column

알려지지 않은 드러커의 인물상 ⑥

# 60년을 함께한 사랑하는 아내 도리스

"내 인생에서 가장 큰 행복은 그녀(아내 도리스)를 만난 것이다"라고 말했듯이 드러커는 대단한 애처가였습니다. 독일 대학에서 도리스를 만났고, 그 후 영국에서 재회했습니다. 당시 지하철역 에스컬레이터 상행에 있던 드러커와 하행에 있던 도리스는 얼굴을 마주한 순간 서로를 알아보았고, 마음속에 깊은 인상을 남긴 만남이었습니다.

도리스는 대학에서 법학, 경제학, 물리학을 공부했으며, 졸업 후 런던에서 시장 연구원으로 근무하다가 시장 조사 회사를 설립했습니다. 27세가 된 드러커는 도리스와 재회한 지 4년 차에 결혼하였고, 미국으로 이주했습니다. 미국으로 떠나는 여행이 신혼여행인 셈이었지요.

두 사람은 슬하에 4명의 자녀를 두었고, 도리스는 대형 출판사에서 과학 저널 편집자 및 변리사로 활동하면서 60년 이상 드러커를 지원했습니다. 1996년에 그녀는 발명한 제품을 상용화했고 경영에도 참여했습니다.

도리스는 2014년, 103세의 나이로 사망했습니다.

# Chapter 6 용어해설 KEYWORDS

☑ KEY WORD
## 총력 전략

새로운 산업이나 시장, 혹은 새로운 시스템을 창출하여 처음부터 시장을 장악하고 지배하는 것을 목표로 하는 전략이다. 성공한다면 성과가 크지만, 작은 실패도 용납되지 않는다. 최고의 기업가 전략으로 꼽히지만, 드러커는 권장하지 않는다.

☑ KEY WORD
## 창조적 모방 전략

누군가가 앞서 한 것을 모방하고 더 나은 제품으로 개선하여 시장을 지배하는 것을 목표로 하는 전략이다. 이미 수요가 있고 시장이 형성되어 있기 때문에, 시장 조사를 통해 고객의 니즈를 파악하기 쉽다. 따라서 리스크가 적은 전략이라고 할 수 있다.

☑ KEY WORD
## 틈새 전략

일반적으로는 틈새niche를 노리는 전략을 말하지만 드러커가 말한 틈새 전략이란 동식물이 경쟁을 피해 적소에 서식하는 방식을 흉내 내는 생태학적 틈새 전략이다. 대기업이 들어오지 않는 작은 시장에서 활발한 비즈니스를 전개할 수 있다.

☑ KEY WORD
## 가치 창조 전략

제품의 의미를 재검토하고, 새로운 가치를 제안함으로써 시장과 고객을 확보하는 전략이다. 예를 들어, 식자재로서의 재첩은 100g당 몇천 원이지만, 간에 좋은 건강식품으로서의 재첩이라면 무게로는 측정할 수 없는 가치를 창출할 수 있다.

☑ KEY WORD
## 효용 창조 전략

공급자 측이 고객의 사정에 맞춰 제품과 서비스를 제안하고 시장과 고객을 확보하는 전략이다. '늦은 밤이든, 이른 새벽이든 시간에 구애받지 않고 쇼핑하고 싶다'는 소비자에게 효용을 제공하는 24시간 편의점이 좋은 예이다.

# Chapter 7

PETER DRUCKER
MANAGEMENT
VISUAL NOTES

# 드러커에게 배우는
# '혁신을 일으키는 방법'

지금 아무리 훌륭한 제품과 서비스라 하더라도 더 나은 것이 나타나면 바로 진부해져 버립니다. 이런 상황을 피하기 위해서는 끊임없는 개선과 혁신이 필수입니다. 어떻게 하면 혁신을 일으킬 수 있는지 드러커에게 배울 수 있습니다.

KEY WORD ➡ ☑ 경영 환경 변화의 징조

# 01 예기치 못한 성공을 활용한다

드러커는 혁신 중에서 가장 쉽고, 성공에 가까운 것이 '예기치 못한 성공'이라고 말합니다.

'예기치 못한 성공'은 갑자기 찾아옵니다. 실제로 비즈니스의 세계에서는 임원 회의에서 팔리지 않을 것이라고 무시했던 제품이 폭발적인 히트를 기록한 사례가 드물지 않습니다. 다만, 꽃은 갑자기 피지 않고, 피기 전에는 어떤 징조가 있습니다. 예기치 못한 성공은 꽃봉오리를 찾아내는 작업과 비슷합니다.

### 예기치 못한 성공도 있다

회사에서 '팔리지 않는다'고 판단했음에도 시장에서는 받아들여질 수 있다.
예기치 못한 성공으로 다이킨DAIKIN 공업의 에어컨 '우루루토 사라라'를 예로 들 수 있다.

※우루루토 사라라: 물을 공급하지 않고도 가습기 기능을 사용할 수 있는 에어컨.
타사와의 기술 개발 차별화로 성공한 사례로 꼽는다.

예기치 못한 우연한 성공을 그대로 끝내면 개인도 기업도 성장할 수 없습니다. 드러커는 '예기치 못한 성공을 반드시 가시적인 구조로 만드는 것이 중요하다'고 말합니다. 예기치 못한 성공은 경영 환경의 변화를 알리는 징조이므로, 그 징조가 무엇인지 분석해야 합니다. 또한, 니즈의 변화, 새로운 니즈의 출현을 알리는 신호입니다.

KEY WORD ➡ ☑ 새로운 가치 창출의 징조

## 02 예기치 못한 실패도 활용한다

드러커가 '예기치 못한 성공'과 함께 혁신의 기회로 꼽는 것이, '예기치 못한 실패'입니다.

'예기치 못한 실패'란 미처 예상하지 못한 실적 부진, 비용 증가, 고객 불만 등의 실패를 말합니다. 신중하게 기획하고 개발해서 판매했는데 실패했다면 거기에는 시장의 중요한 메시지가 담겨 있습니다. 즉, '시장에는 이것이 필요할 것이다'라는 판단에 문제가 있었던 것입니다. '판매 방식을 바꾸면 잘 될 것이다'는 사고방식으로 이어가면 수렁에 빠지게 됩니다.

### 예기치 못한 실패는 시장의 메시지이다

'시장에는 이것이 필요하다'는 식의 독단은 틀릴 수 있다.

맛도 재료도 최고인데 왜 안 팔리지?

우리는 이미 프랑스 요리에 식상해졌어.

드러커는 예기치 못한 실패가 발생했다면, 새로운 가치 창출(혁신)의 징조로 보아야 한다고 말합니다. '시장의 니즈가 바뀌었구나'라고 받아들이고 겸허한 자세로 궤도를 수정하는 것이 중요합니다. 시장이 변화하는 시점은 데이터나 소비자 행동을 분석한다고 알 수 있는 것이 아닙니다. 변화가 발생하고 있는 현장에 직접 찾아가서 세심히 관찰하고 귀를 기울이는 것이 중요합니다.

시장의 변화는 현장에 가봐야 알 수 있다. 실패에 대해서도 궤도를 수정한다는 겸허한 마음을 가지는 것이 중요하다.

KEY WORD ➡ ✅ 수요와 실적의 부조화 / 현실과 인식의 부조화

## 03 상식과 확신을 의심한다

'예기치 못한 성공과 실패'와 함께 드러커가 제시한 실현되기 쉬운 혁신은 '4가지 부조화'입니다.

실적이 나쁘진 않지만, 부진하다면 드러커가 말하는 '부조화(어긋남)'가 발생했을 수 있습니다. 이는 시장의 실제 상황과 접근 방식의 부조화, 혹은 바람직한 사업 형태와 실제 사업 상황의 부조화 때문입니다.

'수요와 실적', '현실과 인식', '기업과 소비자 가치관', '프로세스'의 4가지 부조화 유형으로 나눌 수 있습니다.

### 4가지 부조화로 정체가 발생한다

**수요와 실적**
산업은 성장하고 있는데, 사업은 성장하지 않는다.

**현실과 인식**
현실을 잘못 이해하여 실적에 영향을 미치고 있다.

**기업과 소비자 가치관**
기업의 사고와 소비자의 요구가 일치하지 않는다.

**프로세스**
업무 프로세스에 원래부터 문제가 있었다.

산업이 성장 추세인데, 자사의 실적은 성장하지 않는다면, '수요와 실적의 부조화'입니다. 판매 시기, 판매 대상, 판매 방식 등에 문제가 있는지 확인해야 합니다.

'현실과 인식의 부조화'는 현실을 잘못 파악하고 잘못된 방향으로 노력하고 있는 형태입니다. 업계의 상식과 확신에 매몰되는 것은 사업 기회를 포착하는 데 방해가 됩니다. 상식을 의심하고 개선점을 검토해 봅시다.

상식과 확신을 의심하면 개선으로 이어진다

KEY WORD ➡ ☑ 기업과 소비자 가치관의 부조화 / 프로세스의 부조화

# 04 오만과 독단을 멈춘다

'기업과 소비자 가치관'의 부조화 뒤에는 반드시 오만과 경직이 있다는 드러커의 말처럼 소비자에 대한 그릇된 믿음은 금물입니다.

'기업과 소비자 가치관의 부조화'는 '소비자는 이렇게 생각하고 있을 것이다'라는 믿음에서 비롯됩니다. 아무리 많은 제품을 시장에 내놓아도 소비자의 가치관과 어긋나면 이익은 증가하지 않습니다. 예를 들면 '휴대전화는 무조건 고성능이 좋다'는 신념이 강하면, 기계를 다루는데 서툴고 '휴대전화는 통화만 되면 충분하다'고 생각하는 사람의 가치관을 헤아릴 수 없습니다.

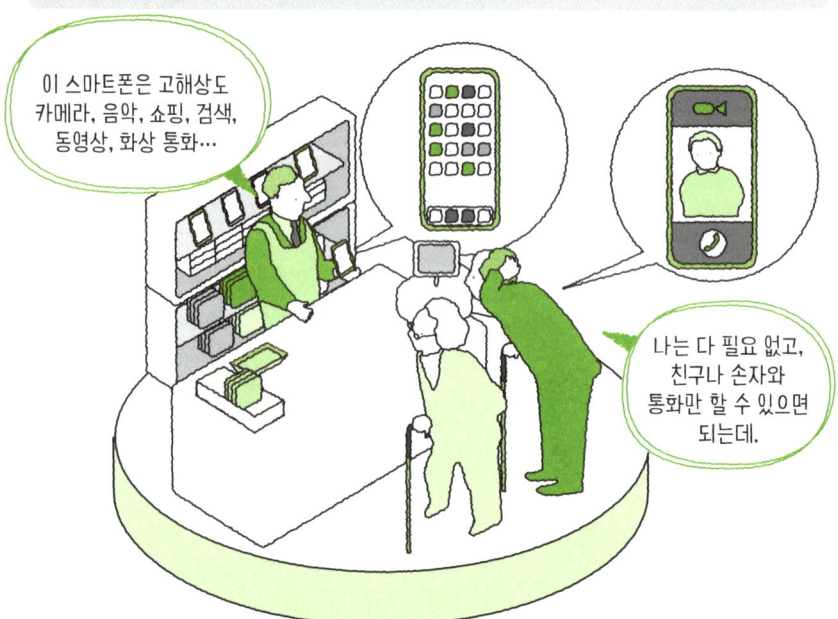

다기능, 고성능이면 반드시 잘 팔린다고는 단정할 수 없다.
소비자의 가치관에 부합해야 한다.

또한, '프로세스의 부조화'도 있습니다. 제품과 서비스는 나쁘지 않지만, 업무 프로세스가 좋지 않기 때문에 실적이 늘지 않는 형태입니다. 이런 경우는 판매 방식의 문제로 인해 정말 필요한 고객에게 제품이 도달하지 못했을 가능성이 있습니다. '전달 방법, 제공 방법'의 프로세스를 수정하면 혁신이 실현될 수 있습니다.

**프로세스에 문제가 있으면 실적이 향상되지 않는다**

수요는 있는데 실적이 늘지 않는다면, 판매 방식에 문제가 있을 수 있다.
프로세스의 부조화를 의심해 봐야 한다.

KEY WORD ➡ ☑ 프로세스 / 노동력 / 지식

# 05  3가지 니즈를 발견한다

드러커는 '니즈는 구체적이어야 한다'고 말합니다. 니즈를 발견하는 것이 혁신으로 이어집니다.

'충족되지 않는 것'과 '결핍된 것'에 대한 깨달음은 혁신을 시작하는 촉매가 됩니다. 니즈란 존재하지 않는 것에 대한 간절한 바람일 뿐, 가시적이지 않기 때문에 발견하기가 어렵습니다. 특히, 사업의 개선으로 이어져야 할 니즈는 더욱더 그렇습니다. 드러커는 혁신을 이끄는 3가지 니즈로 '①프로세스 니즈, ②노동력 니즈, ③지식 니즈'를 들고 있습니다.

## 눈에 드러나지 않는 것, 그것이 니즈이다

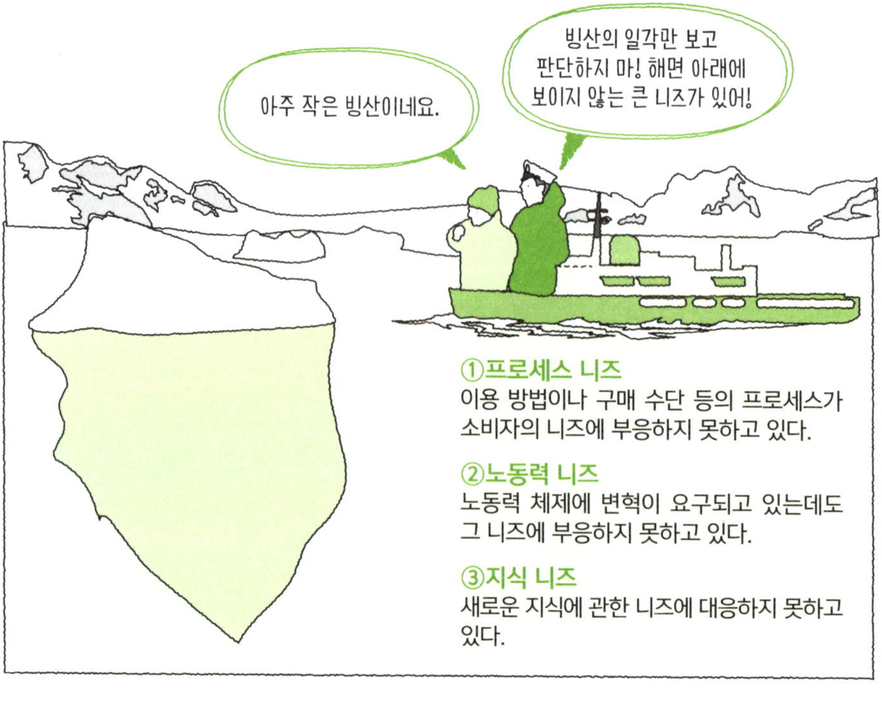

> 아주 작은 빙산이네요.

> 빙산의 일각만 보고 판단하지 마! 해면 아래에 보이지 않는 큰 니즈가 있어!

**①프로세스 니즈**
이용 방법이나 구매 수단 등의 프로세스가 소비자의 니즈에 부응하지 못하고 있다.

**②노동력 니즈**
노동력 체제에 변혁이 요구되고 있는데도 그 니즈에 부응하지 못하고 있다.

**③지식 니즈**
새로운 지식에 관한 니즈에 대응하지 못하고 있다.

①프로세스 니즈는 드러나는 문제가 없는 듯하지만, 이용 방법이나 구매 수단 등의 프로세스에 대한 소비자의 잠재적인 바람에 부응하지 못하는 상태를 말합니다. ②노동력 니즈는 노동력 체제 변혁으로 시장과의 부조화를 해소해야 하는 상태입니다. ③지식 니즈는 새로운 지식이 필요하지만, 지식이 부족한 상태입니다.

### 궤도 수정으로 니즈를 충족한다

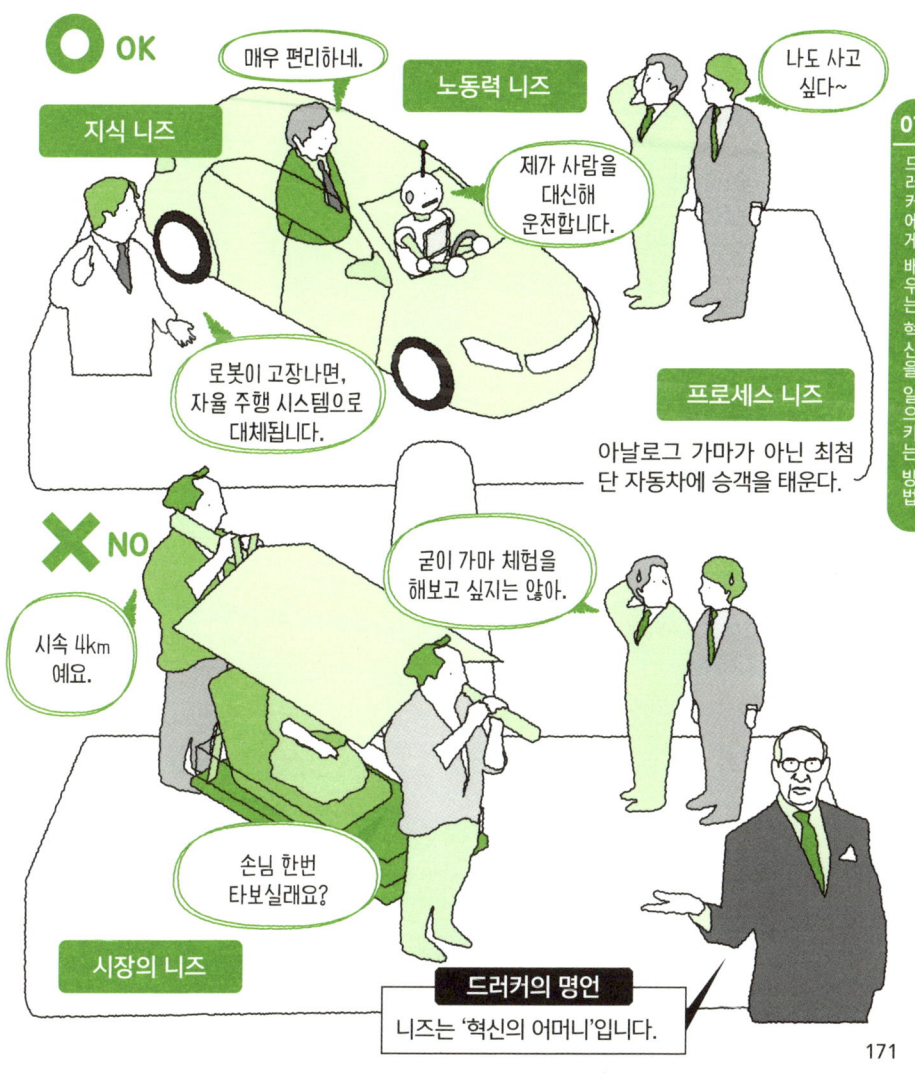

KEY WORD → ✓ 프로세스 니즈

## 06 혁신을 창출하는 5가지 전제

공정의 생산성이 부진한 부분을 개선하면 혁신으로 이어집니다.
드러커의 5가지 전제는 혁신을 깨닫게 해 줍니다.

프로세스 니즈는 '방식만 변경'해도 성공할 수 있습니다. 드러커는 프로세스 니즈가 혁신으로 이어지려면, 5가지 전제가 충족되어야 한다고 말합니다. '①완결된 프로세스일 것, ②누락이나 결함이 있는 부분이 단일 영역일 것, ③변혁의 목적이 명확할 것, ④목적 달성을 위해 필요한 것이 명확할 것, ⑤더 나은 방법이 있을 것이라는 사회적 인식이 존재할 것'입니다.

**방식을 바꾸기만 해도 성공한다**

**5가지 전제**
①프로세스 자체가 옳은가?  ②문제점이나 누락된 부분은 없는가?
③변혁의 목적이 명확한가?  ④목적을 위해 필요한 것이 분명한가?
⑤더 나은 방법이 있을 것이라는 사회적 의식이 있는가?

프로세스 니즈에 부응함으로써 새로운 시장을 개척한 좋은 예로 야간 세탁 배달 업체가 있습니다. 독신 회사원들이 평일에 세탁소를 방문할 시간이 없다는 사정을 파악하고, 야간에도 세탁물을 수거하고 세탁해서 배달해 주는 프로세스로 개선함으로써 독신 회사원들의 잠재적 니즈에 부응하는 데 성공했습니다.

## 5가지 전제로 문제점을 찾는다!

KEY WORD ➡ ☑ 산업 구조의 변화

## 07 변화의 타이밍을 놓치지 않는다

산업 구조는 언제든지 변합니다. 드러커는 '산업 구조의 변화는 외부 사람들에게도 기회를 준다'고 말합니다.

오랜 시간 안정적이었던 업계도 산업 구조의 변화로 인해 커다란 영향을 받을 수 있습니다. 음악 유통 서비스 변화로 인해 큰 타격을 받은 CD 판매 산업을 대표적인 예로 들 수 있습니다. 드러커는 산업 구조의 변화가 일어나는 시점을 3가지 특징으로 정리했습니다. '①특정 산업이 급속히 성장하면서 산업 규모가 2배가 되었을 때, ②다양한 기술이 결합했을 때, ③업무 방법과 활동 방식이 크게 변화했을 때'입니다.

### 산업 구조는 쉽게 붕괴될 수 있다

음악 전송 서비스의 대두

다양한 기술의 결합
+
산업의 급속한 성장

CD 판매는 음악 유통 서비스의 성장으로 큰 타격을 입었다.

동종 업계에서 오랜 시간 종사하면 업계가 안정된 것처럼 느껴지지만, 산업과 시장은 항상 변화하고 있습니다. 앞서 언급한 음악 업계처럼 산업 구조의 변화로 새로운 니즈가 창출되었을 때, 그 니즈를 간파하고 빠르게 편승한 기업이 승리합니다. 즉, 산업 구조 변화의 타이밍을 놓치지 않으면 기회를 잡을 수 있습니다.

## 산업 구조의 변화는 비즈니스의 기회가 된다

산업 구조의 변화를 민감하게 감지하면 큰 비즈니스 기회를 잡을 수 있다.

KEY WORD ➡ ☑ 시장 외부의 변화

## 08 연령 구성의 변화는 혁신의 호기

드러커가 '인구 구조 중에서도 연령 구성의 변화가 중요하다'고 말했듯이 인구 구조의 변화는 혁신을 이룰 절호의 기회입니다.

시장 외부에서 일어나는 변화도 혁신의 기회가 될 수 있습니다. 수요 구조 자체가 변하는 시점이기 때문입니다. 드러커는 외부 환경의 3가지 변화에 주목하라고 말합니다. '①인구 구조의 변화, ②사물에 대한 사회적 인식의 변화, ③새로운 지식의 출현'입니다. 인구 구조의 변화는 인구 증감뿐 아니라 연령 및 성별 구성, 고용 상태, 교육 수준, 소득 계층 등의 모든 측면을 의미합니다.

### 연령 구성의 변화는 사업 기회이다!

176

인구 구조가 변화함에 따라 '가장 필요한 것'도 달라집니다. 또한, 인구 구조의 변화는 쉽게 예측할 수 있고, 발생할 시기도 알 수 있습니다. 인구 구조 중에서도 특히 연령 구성의 변화에 주목하는 것이 중요합니다. 선진국에서는 출산율이 감소하고 인구가 고령화되는 추세입니다. 고령자 고용, 생산 부문 기계화(로봇·IoT) 등의 혁신 사업을 발 빠르게 준비하면 타사가 대응에 쫓기는 사이, 시장 점유율을 확보할 수 있습니다.

### 무엇이 필요한지 탐색한다

사람을 대신해 간호를 합니다.

말동무가 되어줘.

노동력 감소로 인한 기계화는 필요불가결하다. 저출산·고령화를 사업 기회로 삼아야 한다.

**드러커의 명언**
인구 중심이 이동함에 따라 시대 분위기도 변화합니다.

KEY WORD → ✓ 인식의 변화

# 09 관점이 달라지면 니즈도 변화한다

세상을 바라보는 인식(관점)이 변할 때가 혁신이 탄생할 절호의 기회입니다.

컵에 반쯤 들어 있는 물을 '반이나 있다'고 보느냐, '반이나 없다'고 보느냐에 따라 의미는 크게 달라집니다. 드러커는 세상의 인식이 '물이 반이나 있다'에서 '물이 반이나 없다'로 바뀔 때 혁신의 기회가 생긴다고 말합니다. 과거에는 사람들이 물은 공짜라고 생각했지만 '비용을 지불하더라도 좋은 것을 사고 싶다'는 사람들이 늘어나면서 생수 시장이 탄생했습니다.

### '반이나 없다'가 기회를 낳는다

컵이 반이나 비어 있어. 물이 더 들어갈 수 있다!

컵에 물이 '반이나 있다?' '반이나 없다?'

인식의 변화를 깨닫는 것이 비즈니스 기회로 연결된다!

인식의 변화는 새로운 니즈의 탄생을 의미합니다. 단, 인식의 변화는 일시적일 수도 있고 영구적일 수도 있습니다. 따라서 새로운 니즈에 대응하기 위해 시작한 사업의 결과를 예측하기는 거의 불가능합니다. 인식의 변화를 혁신으로 연결하려면, 실패에 대비하면서 소규모로 제한한 범위에서 신속하게 사업을 시작하는 것이 중요합니다.

### 사업은 재빨리 시작한다

사업은 타이밍이 중요하다.
도전할 수 있는 용기가 필요하다.

KEY WORD → ✔ 심층 분석 / 전략적 시장 진입 / 경영자의 리더십

# 10 새로운 지식 기반으로 혁신을 일으키다

드러커는 '지식으로 혁신을 일으키려면 다른 무엇보다 경영 능력이 중요하다'고 설명합니다.

새로운 지식에서 탄생한 혁신은 기술을 기반으로 한 신제품 개발처럼 '기술 혁신'에 국한된 이미지가 주를 이룹니다. 하지만 드러커는 지식 기반으로 혁신을 일으키려면 '①심층 분석, ②전략적 시장 진입, ③경영자의 리더십'이라는 3가지 조건을 모두 충족해야 한다고 지적합니다.

## 많은 시간, 비용, 인적자원이 필요하다

**새로운 지식 기반의 혁신**

> 일약 스타가 될 기회인데.

> 시간도 걸리고 돈도 들고.

새로운 지식 기반의 혁신은 하루아침에 이루어지지 않습니다. 예를 들어 신종 코로나바이러스 백신은 개발에 시간이 걸리고, 경쟁 제약사도 많습니다. 그런 상황에서 경영자는 연구 개발비 부담, 인재 부족 등의 다양한 문제를 돌파하고 혁신을 이뤄낼 수 있는 지휘력을 갖추고 있어야 합니다.

새로운 지식은 혁신의 필수 요소로 여겨지지만, 현실적으로 실현되기 가장 어려운 유형입니다.

혁신은 쉽지 않다

KEY WORD ➡ ✅ 영감의 영역

## 11 아이디어만으로 혁신이 탄생하는 것은 아니다

아이디어는 양날의 검입니다. 드러커는 '아이디어가 성공할지 실패할지는 아무도 모른다'고 지적합니다.

혁신은 종종 훌륭한 아이디어에 기반하여 실현됩니다. 아이디어로 사업화가 가능하다면 얻을 수 있는 이익은 이루 헤아릴 수 없습니다. 그러나, 아이디어에 의한 혁신은 기업이 체계적으로 이룰 수 있는 것이 아닙니다.

드러커는 아이디어를 바탕으로 제품을 개발하더라도, 성공 확률이 낮고 개발비, 인건비 등의 투자를 회수할 가능성은 극히 적다고 지적합니다.

아이디어에 기반하여 제품을 개발할 경우 성공할 확률은 낮습니다.
하지만 아이디어가 없으면 사업을 존속할 수 없습니다.

직감과 영감에서 비롯된 아이디어로 세계적인 히트 제품이 탄생할 가능성은 어느 사업 영역에나 존재합니다. 예를 들어, 지퍼는 단추보다 나중에 탄생했습니다. 단추로도 기능은 충분했지만, 지퍼가 발명되었습니다.

아이디어는 배울 수도 가르칠 수도 없는 영감의 영역입니다. 그렇기 때문에 아이디어는 무시할 수 없습니다.

## 아이디어는 훌륭하다

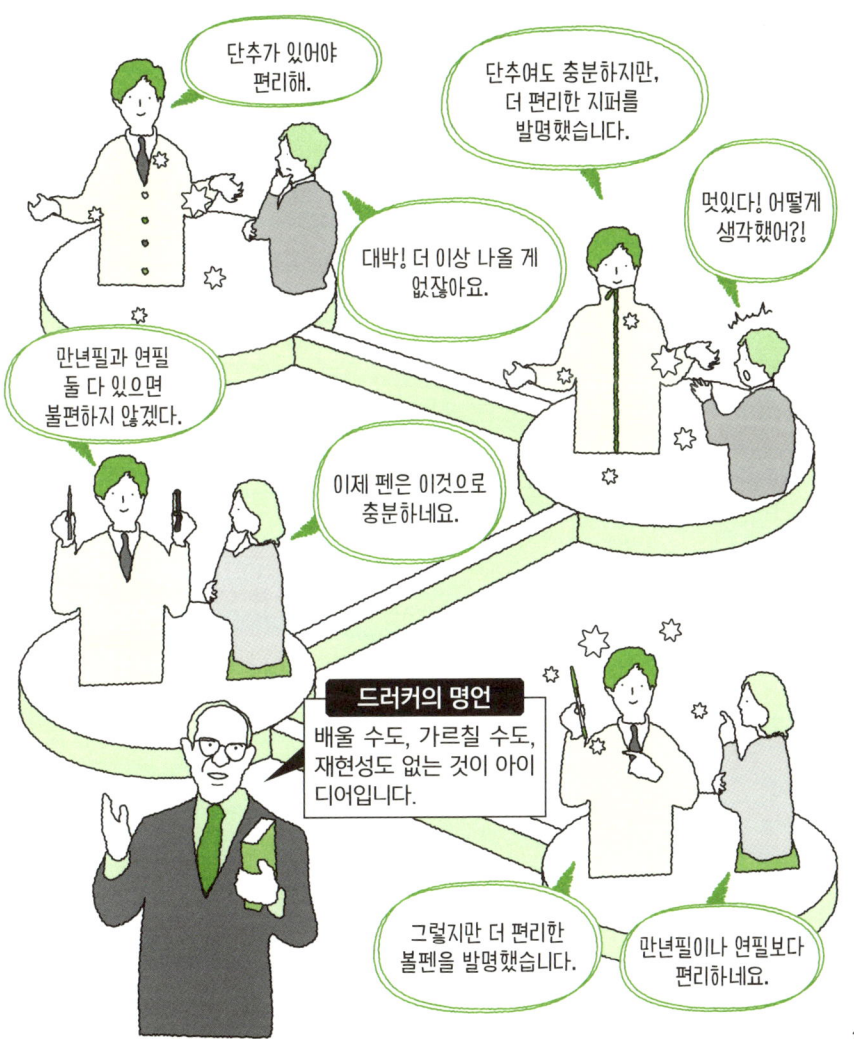

## column No. 07

알려지지 않은 드러커의 인물상 ⑦

# 가르치는 것을 좋아한
# 다채로운 문필가

어린 시절부터 드러커는 독서와 글쓰기를 좋아했고, 초등학교를 1년 조기 졸업할 정도로 총명했습니다.
독일어, 영어, 불어, 스페인어 등 4개 국어에 능통했고, 가르치는 것을 기쁨으로 느끼는 동시에 가르치는 과정에서 더 많이 배우게 된다고 생각했습니다. 드러커는 항상 배우고 개선하는 것을 목표로 2~3년마다 새로운 주제를 탐색하고 시간을 들여 차분하게 공부를 했습니다.
생전에 수많은 책을 집필했던 드러커는 30세에 그의 첫 저서 《경제인의 종말》을 출간했습니다. 이후 경제·경영서를 비롯해 역사, 문학, 예술서 뿐만 아니라, 1982년에는 첫 장편소설 《최후의 가능한 세상 The Last of All Possible Worlds》을 출간했습니다.
그는 지나온 삶을 되돌아보면서 자신을 가리켜 'The Happiest man(가장 행복한 남자)'이라고 칭했습니다.

# Chapter 7 용어해설 KEYWORDS

☑ KEY WORD
## 예기치 못한 성공

드러커는 가장 쉽고, 성공에 가까운 혁신은 '예기치 않은 성공'이라고 말한다. 예기치 않은 성공은 니즈의 변화이자 새로운 니즈의 등장으로 보아야 한다. 만약 성공 분석에 소홀하거나 같은 방식을 고집하면 한 번의 우연한 성공으로 그칠 뿐 다음으로 이어지지 못한다.

☑ KEY WORD
## 예기치 못한 실패

예기치 못한 실패에는 고객의 인식이나 가치관의 변화에서 기인한 것일 수 있다. 드러커는 예기치 못한 실패를 기회이자 혁신의 징조로 보아야 한다고 말한다.

☑ KEY WORD
## 혁신을 창출하는 5가지 전제

니즈를 혁신으로 연결하기 위한 5가지 전제는 '①완결된 프로세스일 것, ②결함이 있는 부분이 단일 영역일 것, ③변혁의 목적이 명확할 것, ④목적 달성을 위해서 필요한 것이 명확할 것, ⑤더 나은 방법이 있을 것이라는 사회적 인식이 존재할 것' 등이다.

☑ KEY WORD
## 연령 구성의 변화

혁신을 가능케 하기 위해 필요한 변화 중 하나이다. 저출산과 고령화로 인한 연령 구성의 변화는 다양한 혁신을 일으킬 수 있다. 노인을 간호하는 로봇, 노약자를 위한 배리어 프리Barrier-free 주택, 고령자를 위한 식사 배송 서비스 등을 예로 들 수 있다.

※배리어 프리(Barrier-free) 주택: 노약자나 장애인의 시설 이용에 방해가 되는 불필요한 장벽을 없앤 주택

## 피터 드러커 Peter Ferdinand Drucker 연표

| 연도 | 업적 |
|---|---|
| 1909년 | 11월 19일 오스트리아 빈에서 출생 |
| 1914년 | 슈바르츠발트 초등학교에 입학 |
| 1918년 | 사립 초등학교로 전학. 평생의 은사 엘자 선생님에게 지도를 받다. |
| 1923년 | 사회주의자 시위에 선두로 참가했다가 이탈하는 과정에서 자신은 관찰자임을 인식했다. |
| 1927년 | 함부르크 무역상사에 취직. 동시에 함부르크대학교 법학과에 입학 |
| 1929년 | 프랑크푸르트의 미국계 투자은행에 증권 애널리스트로서 취직. 프랑크푸르트대학교 법학부에 편입. 세계 대공황 발발로 뉴욕주가가 폭락하여 실직. 경제지 신문기자로도 일한다. |
| 1931년 | 일하면서 프랑크푸르트대학교에서 조교가 되어, 국제법 박사 학위를 취득. 미래의 아내 도리스와 만나다. |
| 1932년 | 아돌프 히틀러를 취재하면서 여러 차례 직접 인터뷰했다. |
| 1933년 | 런던으로 이주해 도리스와 재회. 증권 애널리스트에서 전직해 은행의 시니어 파트너 보좌역으로 근무한다. |
| 1937년 | 도리스와 결혼하여 미국으로 이주한 후, 영국 신문사의 미국 특파원으로 일한다. |
| 1939년 | 첫 저서로 《경제인의 종말: 전체주의의 기원 The End of Economic Man: The Origins of Totalitarianism》 출간 |
| 1942년 | 버몬트주 베닝턴대학교 교수가 된다. 《산업인의 미래 The Future of Industrial Man》 출간 |
| 1943년 | 제너럴 모터스로부터 의뢰를 받아 18개월 동안 경영 컨설팅 진행 |
| 1946년 | 제너럴 모터스의 경험을 《기업의 개념 Concept of the Corporation》으로 출간 |
| 1950년 | 《뉴 소사이어티: 산업질서의 해부 The New Society: The Anatomy of Industrial Order》 출간 |
| 1954년 | 《경영의 실제 The Practice of Management》 출간. 경영의 아버지라고 불리게 된다. |
| 1957년 | 《내일의 이정표: 새로운 포스트모던 세계에 대한 보고서 Landmarks of Tomorrow: A Report on the New-"Post-Modern" World》 출간 |
| 1958년 | 《기술, 경영, 사회 Technology, Management and Society》 출간 |
| 1964년 | 《창조하는 경영자 Managing for Results》 출간 |
| 1966년 | 《자기경영노트 The Effective Executive》 출간 |

| | |
|---|---|
| 1969년 | 《단절의 시대 The Age of Discontinuity: Guidelines to Our Changing Society》 출간 |
| 1971년 | 클레어몬트대학교 대학원 교수로 취임.<br>《인간, 아이디어, 정치 Men, Ideas and Politics》 출간 |
| 1973년 | 경영의 집대성 《매니지먼트: 과업, 책임, 실제 Management: Tasks, Responsibilities, Practices》 출간 |
| 1976년 | 《보이지 않는 혁명 The Unseen Revolution》 출간 |
| 1977년 | 《사람과 성과 People and Performance: The Best of Peter Drucker on Management》 출간 |
| 1978년 | 《방관자의 모험 Adventures of a Bystander》 출간 |
| 1979년 | 클레어몬트대학교에서 일본화 수업 개설(5년간)<br>《붓의 노래 Song of the Brush: Japanese Painting from the Sanso Collection》 출간 |
| 1980년 | 《격변기의 경영 Managing in Turbulent Times》 출간 |
| 1982년 | 《변모하는 경영자 세계 The Changing World of the Executive》 출간<br>첫 장편소설 《최후의 가능한 세상 The Last of All Possible Worlds》 출간 |
| 1985년 | 혁신을 체계화한 세계 최초 경영서 《혁신과 기업가정신 Innovation and Entrepreneurship》 출간 |
| 1986년 | 《경영의 프론티어 The Frontiers of Management》 출간 |
| 1989년 | 《새로운 현실 The New Realities》 출간 |
| 1990년 | 《비영리 단체의 경영 Managing the Non-Profit Organization》 출간 |
| 1992년 | 《미래 기업: 1990년대와 그 이후 Managing for the Future: The 1990s and Beyond》 출간 |
| 1993년 | 《자본주의 이후의 사회 Post-Capitalist Society》 출간 |
| 1995년 | 《미래의 결단 Managing in a Time of Great Change》 출간 |
| 1999년 | 《21세기 지식경영 Management Challenges for the 21st Century》 출간 |
| 2001년 | 《에센셜 드러커 The Essential Drucker》 출간 |
| 2002년 | 《넥스트 소사이어티 Managing in the Next Soceity》 출간<br>미국 대통령으로부터 민간인 훈장 '자유의 메달' 수여. |
| 2003년 | 《경영의 지배 A Functioning Society》 출간 |
| 2005년 | 11월 11일, 클레어몬트의 자택에서 사망(95세) |

마치며

## 능력과 지식보다 주체성과 습관이 중요합니다

《피터 드러커의 경영 수업》을 읽으셨는데 어떠셨나요?
'경영'과 '리더십'은 특정 능력이 필요하고, 이 책을 통해 습득하기를 기대하신 분들도 있으셨을 것입니다. 하지만 드러커는 그렇지 않다고 했지요. 그 어느 때보다 평범한 사람이 활약할 수 있는 사회야말로 이상적인 사회이기 때문입니다.

드러커는 유년기에 피아노를 배우면서 '매일의 노력이 쌓여야 성취하게 된다'는 습관의 중요성을 깨달았습니다. 곡을 능숙하게 연주하겠다는 목표를 달성하려면 같은 곡을 반복해서 연습하는 수밖에 없습니다.
이는 피아노 연주에 국한된 것이 아니라, 성과를 거두는데 능력과 지식은 관계가 없다는 의미입니다. 오히려 해야 할 일에 대해 주체성을 가지고 임할 수 있느냐가 중요합니다.

일에서 원하는 만큼의 성과를 내지 못하거나 리더십을 발휘하기 힘든 경우가 있을 것입니다. 하지만 절대로 포기하지 마세요. 일이 뜻대로 되지 않았을 때, '능력이 부족했다', '지식이 부족했다'는 자책이 든다면 이 책을 다시 한번 읽어보세요. 헤쳐나갈 방법을 주도적으로 찾으실 수 있을 것입니다.

후지야 신지

## 🟢 주요 참고문헌

《明日を支配するもの》

《イノベーションと企業家精神》

《経営者の条件》

《現代の経営 上·下》

《創造する経営者》

《ネクスト·ソサエティ》

《マネジメント 課題, 責任, 実践 (上·中·下) 》
(以上すべて P.F. ドラッカー 저, 上田惇生 역, ダイヤモンド社)

《図解で学ぶ ドラッカー入門》
(藤屋伸二 저, 日本能率協会マネジメントセンター)

《図解で学ぶ ドラッカー戦略》
(藤屋伸二 저, 日本能率協会マネジメントセンター)

《まんがと図解でわかる ドラッカーリーダーシップ論》(藤屋伸二 감수, 宝島社)

《別冊宝島 1710 号 まんがと図解でわかる ドラッカー》(藤屋伸二 감수, 宝島社)

《図解 やるべきことがよくわかる ドラッカー式マネジメント入門》
(竹石健 편저, イースト·プレス)

《1時間でわかる 図解ドラッカー入門「マネジメント」があなたの働き方を変える!》
(森岡謙仁 저, KADOKAWA)

DRUCKER NO OSHIE MIRUDAKE NOTE
by SHINJI FUJIYA

Copyright ⓒ 2020 by SHINJI FUJIYA
Original Japanese edition published by Takarajimasha,Inc.
Korean translation rights arranged with Takarajimasha,Inc.
Through BC Agency., Korea.
Korean translation rights ⓒ 2022 by GOOD WORLD(SOBO LAB)

이 책의 한국어 판 저작권은 BC에이전시를 통해
저작권자와 독점계약을 맺은 조은세상에 있습니다. 저작권법에 의해
한국 내에서 보호를 받는 저작물이므로 무단전재와 복제를 금합니다.

기본부터 실전까지 일러스트로 이해하는
## 피터 드러커의 경영 수업

초판 1쇄 발행 · 2022년 2월 28일

감수자 · 후지야 신지
옮긴이 · 서희경
펴낸이 · 곽동현
디자인 · 정계수
펴낸곳 · 소보랩

출판등록 · 1988년 1월 20일 제2002-23호
주소 · 서울시 동작구 동작대로 1길 27 5층
전화번호 · (02)587-2966
팩스 · (02)587-2922
메일 · labsobo@gmail.com

ISBN 979-11-391-0444-8 14320
ISBN 979-11-391-0292-5 (세트)

이 책은 저작권법에 따라 보호를 받는 저작물이므로 무단 전재와 복제를 금하며,
이 책 내용의 전부 또는 일부를 사용하려면 반드시 저작권자와 소보랩의 서면 동의를 받아야 합니다.
잘못된 책은 구입하신 서점에서 교환해 드립니다. 책값은 뒤표지에 있습니다.